Toy教

玩具設計師爸爸的
玩具育兒大法

Toys Daddy
Kenneth

著

萬里機構

名人推介

VERY GOOD

　　玩具專家 Kenneth 講玩具，的確見解獨到，令人感悟。玩具設計千變萬化，集合小聰明與大智慧、創造與顛覆、專注與想像、原始與科技，殊途而同歸。從教識孩子如何珍惜玩具，到學懂珍惜與孩子一起遊戲的時光，中間充滿智慧。識得揀兼識得玩，可以「玩物壯志」。

招迪強
盛世廣告集團董事總經理
香港廣告商會會長

I LOVE IT

　　玩具帶來樂趣，原來揀玩具的時候都可以很好玩！和孩子們一起揀玩具的時候，可以更加認識孩子們的需要和他們的性情，也可以更加了解自己對他們的期望！讀畢此書，你都可以變成家中的玩具大王！

高皓正
藝人

2

Wow!

中國文化對工作的定位比遊玩高很多。如果依照這個原則，若遊玩是小朋友的工作，那麼盡情投入地玩亦即是盡情投入工作，不是我們合乎我們的文化價值嗎？此書能喚醒家長可如何輔助小朋友「打好呢份工」，為下一代的德、智、體、群、美均得以培育。

嚴沛瑜博士
兒童心理學家
匠仁創辦人

YEAH!

Kenneth 對遊戲設計的欣賞和尊重，早已令我印象深刻，果然彼此算是半個同業。喜見 Toys Daddy 專頁的成立，和 Kenneth 修讀桌上遊戲導師證書課程時的認真，令我更期待「玩具」與「桌遊」擦出的火花──忠告每位愛玩的你：小心這本書，每個小點子都會燎原！

林鹿
Jolly Thinkers 空中棋園創辦人兼總監
《變身桌遊教育達人》作者

家中兩位女兒性格大不同，令我常常有「玩具選擇困難症」，幸好玩具爸爸經常於臉書專頁分享優質玩具，讓我省卻不少心力呢！看畢此書的家長，必定盡得 Kenneth 的揀玩具心法，幫助小朋友寓學於樂，健康成長。

陳遠航 (Peony Chan)
SDM 爵士芭蕾舞學院院長
香港兒童舞蹈教育推廣協會主席

LIKE 👍

THANKS

玩樂對孩子有多重要？孩子燦爛的笑容就是最好的見證！作為老師及兩個「無證（書）孩子」的母親，更深信玩的魔力和對孩子成長的重要性！看看 Toys Daddy 的書，你會發現邊玩邊成長的藝術，可以是如此快樂又簡單！

教師媽媽 Loretta
「童你去玩」專欄作家

非常感謝 Toys Daddy 製作了一本專為孩子尋找快樂而寫的珍貴書籍。

在過去 20 年，我在工作上致力協助家長了解子女的心理和情緒需要。很多時候家長的專注都會放在學習上，而忽略了子女需要與父母一起創造的歡樂時光。在家長和孩子玩樂時，家長往往都會遇到困難，不了解怎樣透過玩樂去聯繫孩子和跟他們情感交流，所以多得玩具爸爸創作此書讓家長了解怎樣透過玩具，創造更有意思、更寶貴的時光與孩子一起玩樂。

鄧詩琪博士
臨床心理學家

LiKE!

小孩愛玩樂於當下，家長費心思於未來。在籌劃孩子學習的路上，選擇玩具或安排遊戲時，往往未必能有清晰、全面及長遠的想法。此書能為家長們及有志於玩具設計的朋友，以實踐及多角度地了解何為玩、為何玩及如何玩。

李宇軒博士
香港理工大學設計學院

YES!

在親子育兒展覽行業及親子平台工作十多年，也當了十五年媽媽的角色，可謂親身體驗及見盡不同的嬰兒和兒童產品，但遇到買玩具給女兒或朋友的孩子時，我都像一般父母三心兩意，舉棋不定。

當我知道既是玩具設計師又是兩孩父親的 Toys Daddy Kenneth 非常有心的推出此書，為父母分享選擇玩具心得及提供專業意見時，覺得家長們當真有福氣了！知道如何選擇玩具是非常重要，因為一件適合孩子的玩具，不但令孩子得到快樂的童年，還能成就他們的未來啊！

Shirley Ning
「親子頭條」平台負責人

我想，沒有人不喜歡玩玩具吧！

多謝玩具爸爸 Kenneth 給我機會，讓我能靜靜地坐下來，想想關於玩具的事；確實，玩具在我的成長中，對德、智、體、群、美都有着不同程度的影響，甚至和自己的人生相伴而行。

小時候，最開心莫過於是和其他小朋友一起玩樂的時候，除了一些活動量大而又不用花錢的集體遊戲如跳大繩、十字鎅豆腐、拋手巾⋯⋯鄰居都藏有不同的玩具，中國象棋、波子跳棋⋯⋯總是輪流出場，男女皆宜；有時旁觀的大人們也會按捺不住指手劃腳，甚至加入戰團⋯⋯男孩子也有些專有的玩意，如射波子、拍公仔紙、格劍仔⋯⋯再大一點，大家開始玩一些更高階的用腦玩具，大富翁、Mastermind、Scrabble等等⋯⋯

當然，這也有環境因素，那時公屋戶戶都長時間不關門，小朋友可以自由過家過戶去玩，測驗考試前例外，這個規則恆久不變，哈哈！

再年長一點，大家都開始有自己的喜好，比較沉醉於自己的世界，我就喜愛機械的東西，車、飛機、坦克大炮⋯⋯（我自己會買一些書去探究），再加上電視播放的機械人卡通片，亦開始去拆家裏壞了的東西（對我來說都是玩具）和砌模型，再玩遙控車，中學時侯也有一些同道。

有這樣的成長經歷，自己好像理所當然選擇了向設計發展（十分多謝父母親支持），大學畢業後，當了 15 年玩具設計師，也曾和玩具爸爸共事。那時，同事多是大兒童（Kidult），好玩，想法天馬行空，又是玩具迷，大家互相影響下，爆出了很多有趣的點子；但好玩還好玩，要令小朋友玩得開心，父母放心，安全亦是我們十分注意的一環。

　　公司也有設計學前玩具的部門，我們也要去認識兒童成長階段，能力和心智的發展，才可設計出既有趣又有益的玩具。

　　直到現在，買玩具和砌模型還是自己沒有間斷過的興趣（多謝太太的包容）；我的工作間，有很多玩具包圍着，工作得辛苦時望着它們一陣子，人也會輕鬆一點。

　　回說玩具爸爸邀請我寫推薦序，當我看完大綱後，自然一口答應，除了內容是出自一個既是玩具設計師又是一個家長，言之有物外，也希望讀者在閱讀本書時，回憶在兒時玩具帶給自己的喜樂，同時思考一下，實體玩具對我們下一代的價值，從而作出除虛擬遊戲外的其他選擇。當然，陪着孩子一起盡情地玩大家用心揀選的玩具，這也必定是玩具爸爸寫成此書的其中一份心意了！

　　寫這篇序的時候，正值新冠肺炎流行之時，很多家長要留在家中工作，有機會和孩子有更長時間相處，基於這次特別的經歷，也希望讀者對自己孩子的「快樂童年」和「愉快學習」有更深一層的思考。

Angus Wong

香港專業教育學院工程系講師

由國際玩具品牌設計師轉為培養本地創作下一代的老師，由設計玩具車到成為香港製造路面駕駛太陽能車的第一人。

長不大的爸爸

　　我和 Kenneth，是香港理工大學設計系的舊同學，當時大家都很貪玩，我是每天都去唱 noon K 而 skip 了很多堂的壞學生；Kenneth 是 dansoc(dance society) 的舞者，高大又靚仔是很多師妹的暗戀對象。讀設計系的學生都以為自己好型，在 A core 自成一角，在課室外的走廊玩滑板，有很多個晚上趁保安鎖了門之後偷偷走進去通頂做 project，也有同學試過在後樓梯噴漆然後起火，消防車在凌晨趕到滅火，又有很多不見光的戀情在攝影系的黑房發生。自由自在的大學生活就像昨天，今天我們都變成家長了，同樣沒有變的是對自己喜歡的事那份童真及堅持。

　　大學畢業後，大家各自在工作上奮鬥，有起碼十年的時間沒有見過面，和一般香港人一樣：每天上班下班、有新認識的同事朋友、希望升職轉工、拍幾次沒有結果的拖、然後煩惱交稅、最後遇上愛的人又在對的時間出現、結婚、組織家庭、小朋友出生、學做父母、搞小朋友入學、照顧家中年老的父母……見舊同學老朋友漸漸放不入生活流程內。長大後的我們原來沒有像自己讀書時以為的「咁型」，都是為兩餐為供樓為下一代憂心。

　　直至近年我們在同學的喪禮上重遇，很多舊同學又聚在一起，說起舊事、談談湊仔經，甚至一起很熱血地組織馬拉松跑團，每星期抽出時間練跑，大學的情誼又 reheat 起來了，完成半馬的賽事。說起來好像不

難，其實少一點決心及意志也不能走到終點，Kenneth 不是跑得最快，但他的意志和堅持令人佩服。

有次 Kenneth 説起 Toys Daddy 的構思，幾個朋友留心聽他説，又給些意見提議；很快便看他積極地實行計劃，而且愈做愈多元化，你可能覺得有甚麼值得嘉許？歷年來你身邊一定有一些朋友在出來飲兩杯的時候總是説（更正確是吹）有甚麼甚麼概念，想做這種那種已經很久了；最初遇上這種朋友我會認真地探討研究，嘗試在我熟悉的 Marketing、PR、Digital 領域給些希望有用的意見，然後我發現大家都「只係講下」，瞓醒一覺又如常地上班下班去旅行，之後我每逢聽到有這些構思都沒有太認真對待。

但想説的是，在繁忙的生活日程和動盪的時代中，有百樣事煩心，Kenneth 能有這份真誠和熱情，真切地實踐做自己喜歡的事，以他的專業知識，融入我們最應該珍惜的幼兒教育，以創意的思維和家長分享「玩具」的真正意義，而不是給他們一部智能電話就可以取代一切。

作為媽媽的我認為陪伴、聆聽和坦誠溝通，能成就最快樂的童年。

Ning Lau
娃娃藝術家

先後從事傳媒、時裝、廣告及網絡創作行業；曾出任時裝零售品牌 JOYCE 的副總裁。2015 年正式投身娃娃創作的藝術領域，將多年來對娃娃的愛好化作全職作業，細緻刻畫出現代人的各種有趣性格及心態，先後獲不同組織及品牌邀請合作進行各種形式的創作企劃，包括多個本地及海外的個人娃娃作品展覽，她的娃娃創作旅程更受多個本地及國際傳媒廣泛報道。

捨他其誰！？

很榮幸可以幫這位老朋友寫他第一本書的序，還記得有一晚他告訴我會出版一本有關教家長挑選玩具給小孩的書，我第一時間想了四個大字：「捨他其誰！？」哈哈！

記得數年前公司成立了一個親子網站，要找不同的專家分享親子育兒資訊，我一直十分留意他的 Facebook 動態（可能我覺得他太似 F4 的言承旭了），他既是一位已擁有兩位可愛孩子的型爸，亦是香港少數的玩具設計師，對他真的有萬二分的敬意。

那時我們正在籌備一個有關幼兒玩具的題材，內容大致上是教育家長如何看玩具盒上的標籤之類。由於覺得家長往往都會忽略玩具安全的重要性，正因如此和這位「玩具爸爸」一拍即合，邀請他幫忙拍攝一系列教家長揀選玩具的影片，結果好評如潮，帶出了很多正確訊息給家長。當然家長的要求不僅如此，所以亦開展了其他不同的題材（例如：棋類遊戲，如何透過桌遊增強親子關係等……）。

我深信正因為他身上那一股強烈的使命感和形象，造就了他吸引很多不同的世界品牌和展覽會機構邀請他介紹產品和分享。Toys Daddy 亦更

進一步成為普羅大眾家長選購玩具的指標，所以我才為甚麼說「捨他其誰」呢！

　　人和玩具一樣都是隨着時間而改變的，七八十年代的小孩只要手上一張公仔紙已經開心滿滿。千禧後的小孩手上永遠都是拿着當時得令的卡通片裏主角人物 figure，時至今日「電子奶咀」已經是家長讓子女安靜吃飯的恩物，當然在於一個從事電子教材和親子網站的我來說用得其所才是教導子女的關鍵，或者好多家長都會問怎樣才可和子女打開溝通話題？到底有甚麼「正確」的玩具才適合他們？我相信這些疑問都能在此書裏找到答案。

Kenny Ho

Managing Director, *Parents Daily*

首位與「Toys Daddy 玩具爸爸」合作的親子育兒傳媒達人，透過影片、專訪、座談會等線上線下形式幫助玩具爸爸的單純理念多方位呈現。

哪個父母不知「快樂童年」和「愉快學習」有多好？

面對孩子學業的壓力和無力感，真的很易令家長情緒崩潰。我明白，我真的明白！在我未當爸爸之前曾教小朋友繪畫、創作和跳舞，已經令我身經百戰，令我以為自己的 EQ 訓練很有基礎；但初為人父後，真實的挑戰才正式開始。

在聚會裏，一班已成為父母的朋友為當了家長後有多勞累而互發牢騷，但同時擔心孩子有很多我們童年沒有嘗過的壓力：2 歲開始已經要學面試技巧，4 至 5 歲已要考獲不同類型和程度的證書，然後常常去挑戰高出自己程度的功課和測試；我心想我絕不會讓自己變成「怪獸家長」。直到我的孩子要參加幼稚園面試了，我也終於體會到這種無形壓力。為人父母本是一件無比幸福和快樂的事，為何變得那麼憂慮和徬徨？幾歲大的小孩子，理應享受人生中最優哉游哉的時光，但為何他們竟要和壓力做朋友？

我有點氣結，但並不氣餒，讀設計時學到的 Problem Solving 即時自行運作，某些想法正在腦內萌芽。

太太經常收到很多 Mama Group 的網購、團購優惠訊息，職業病發作的我會經常多多意見，勸阻她購買一些來歷不明、忽略質素或有潛在危險的玩具產品；當我向她細心分析每件產品的問題時，就會「嘈喧巴閉」地指責生產商的不是，令太太也忍俊不禁。

不久之後，在報章上亦發現越來越多學童自殺的悲劇發生，我心痛得說：「為甚麼孩子會那麼絕望？是家長的錯嗎？為何家長也要承受那麼多壓力？生兒育女本應該是快樂的事，不是嗎？」太太便鼓勵我說：「你既然那麼熟悉玩具，又喜歡和小朋友玩，不如寫一些關於揀選玩具的文章放上網，可讓更多家長和小朋友透過玩具和遊戲重拾應有的快樂。」

「Toys Daddy 玩具爸爸」就這樣應運而生了。

本來當設計師已經忙得不可開交，但一股傻勁還是讓自己擠多一點時間出來資料收集、拍片、剪接、圖片設計、寫稿，不知從哪裏跑出來的使命感，驅使自己正午 29 度戴着黑武士頭盔、穿上黑長褸拍片介紹玩具展覽；半夜三更在家易容貼上假鬍子、穿上洋服扮外國人介紹桌上遊戲，但這些辛勞我都樂在其中。

選擇玩具的重要性就如選擇有益美味的食材般重要，對孩子的健康成長舉足輕重，但應該怎樣選好的玩具？玩具又應該怎樣玩呢？我決定以一個設計師和爸爸的角度，透過這本書與家長分享玩具在小朋友成長中的作用是甚麼，而父母又在當中應該扮演甚麼角色；對於今次和萬里機構的合作，我充滿喜悅和期待，希望透過這本書把「幸福快樂」重新帶回孩子和家長的成長旅途裏。

Toys Daddy Kenneth

目 錄

Part 1

究竟玩具是甚麼？

Part 2

咁多玩具點樣揀？

究竟玩具是甚麼？

由細到大都聽到「勤有功，戲無益。」這想法你認同嗎？生活在物質豐富的年代，兒童玩具的種類繁多，選擇玩具已經變成一個課題，但作為家長的我們，又認識今時今日的玩具有幾多呢？

1.1
玩之嘛！有無咁重要呀？

在我當上爸爸後，曾因「恐懼」而去深思自己的角色。聽説很多爸爸都是孩子的頭號玩伴，我這個「大細路」當然非常樂意，但愈看得多親子育兒的文章，愈知道爸爸的角色對孩子看待事物價值觀有着深遠影響。

為甚麼有人知道抽煙對身體不好，還是會抽煙呢？

學校教我們不要貪心，但為甚麼大人賭錢是合法呢？

小朋友幾多歲才可用手提電話？

為甚麼我不可以經常玩手機遊戲，但車上很多人都玩呢？

幻想孩子問我以上問題，作為父親應該給甚麼答案呢？與其給他們答案，我認為倒不如開始認真去想怎樣和孩子去「玩」才適合孩子的成長，讓他們有足夠能力建立自己的價值觀。

記得看過 Dr. Marie Hartwell Walker（註冊心理學家及婚姻家庭顧問）一篇文章，對「玩」和「玩具」有這樣的解讀：「玩樂其實是小朋友的工作。小朋友在玩樂當中會學習到新的技巧，並認識自己作為個人的定

位，還同時學習人與人相處的關係和相處技巧。當孩子做以上活動的時候感到快樂，他們就會認為學習知識、認識自己和與人相處是快樂的事情，所以好玩具就是可以幫助小朋友做到以上效果的一件工具。」

還記得我看完這段文章頭十秒，忽然覺得自己背後隱隱發出光芒，頭頂突然多了個光環：「原來我做玩具設計師是那麼神聖！」但十秒後我立刻擔心自己以往的設計作品，有沒有「褻瀆」了這份神聖？我真的有這麼全面考慮孩子的成長需要嗎？還是妥協於產品利潤的目標？或只顧及產品要足夠「吸睛」的能力呢？

不得否認市面上很多玩具產品，他們的設計是以商業角度為先，對小孩有多大益處絕非其考慮的首要目的。既然玩具對於孩子成長和學習是那麼有用的「工具」，我們作為家長選玩具又怎麼可以掉以輕心？

剛才提及的「學習知識」、「認識自己」和「學習與人相處」這三個可算是終身課題，就算作為成年人的我們仍在每天努力學習中，甚至成為我們的的難題和壓力；既然這樣我們又怎可能要求孩子一步登天？能學懂幾多因人而異，我覺得最重要反而是要抱着正面態度和愉快的心情去終身學習，但實際上應該點做呢？

還記得我參與桌遊導師課程，提及過「娛樂」英文叫 "Recreation"，當中可拆寫為 "Re + Creation"，意思即是再次創造或創作，好像已經把當中意思表達出來；透過耍樂釋放日常生活的壓力，讓自己抖擻精神重拾狀態，為下一個工作作好準備。其實大家應該有這種經驗：白天工作很勞碌，但放工後約朋友逛街買衫、打波、跑步、唱 K 也好，好像忘記了整天的辛勞，耍樂過後又再充滿活力，精神也得到有效的紓緩，能夠消除壓力。

　　這種「勞累／積壓」和「放鬆／紓緩」的循環，可保持我們的平衡的心態，並以正面的態度和積極的動力去工作、學習及面對問題，我認為這樣比甚麼學術成績或者獎項更加重要，就如來自宜家家居兒童部的 Amanda Lundqvist 所説：「小孩和大人都生活在相當緊張的生活裏，當沒有人要去證明任何事情時，就讓玩樂不再嚴苛。」

1.2
玩具原來唔簡單！

在很多成年人眼中，玩具可能只是兒童的小玩意，甚至說玩具已經唔再吸引；但在我的玩具設計生涯中，親眼見證多次玩具令人感到不可思議的經歷，讓我真正體會到玩具原來唔簡單，和大家分享三個特別例子。

玩具唔簡單事件（一）

小朋友爭玩具大家都見得多；但如果兩位成年人為了爭玩具而大打出手甚至被捕，你能相信嗎？

在 1996 年 Tyco Toys 出產的芝麻街電動毛絨玩具 Tickle Me Elmo，只要搔一搔 Elmo，它便會笑得前仰後合，笑聲更令人忍俊不禁。市場反應超出預期導致嚴重缺貨，更引發了瘋狂搶購：在芝加哥，兩名婦女因為爭搶這款 Elmo 大打出手而被捕；在紐約市，有些人在馬路狂奔追趕着運送玩具的貨車，就是希望在 Tickle me Elmo 到達商店之前把它搶到手；在丹佛市，有人為了這款 Elmo 竟以 7,000 美元炒價買入；在加拿大新不倫瑞克省弗雷德里克

頓沃爾瑪（Walmart）工作的一名職員，在一次午夜瘋狂銷售活動中，因為被人目睹他從另一店員手上接過這盒 Tickle Me Elmo 玩具，為數約 300 名顧客便向他一湧而至，結果導致這名 Walmart 職員腿筋拉傷，背部、下巴和膝蓋受損，肋骨斷裂和腦震盪，誰人可預計到這款玩具竟有如此破壞力。

玩具唔簡單事件（二）

為甚麼因為一個圖案，竟然將整批產品回收並換上新的包裝才推出市場呢？

2001 年 9 月 11 日美國紐約市遭受恐怖襲擊，對整個美國帶來不單是人命和經濟的損失，還有無數的心理陰影。當時我任職的美國玩具公司，據說便因為包裝上的背景圖有一個類似紐約市及世界貿易中心雙塔的剪影，把美國市場上所有這個系列的包裝回收，避免觸動當時已經心靈受傷的國民情緒。雖然這個舉動消耗了很多人力物力和大幅增加成本，但當時公司旗下的警察、消防和拯救隊系列的玩具車卻出現戲劇性的供不應求，需要即是加單應付市場需求，反映了家長和孩子們都對這場災難裏的英雄充滿敬意和崇拜。

Part 1

究竟玩具是甚麼？

玩具唔簡單事件（三）

一日三餐麥當勞唔係因為窮，係因為「佢」呀！

　　這個玩具應該很多爸爸媽媽仍記憶猶新，在 1998 年香港麥當勞推出一套 28 款史諾比公仔，每隻史諾比穿着不同民族服裝代表不個國家，因為造型各有特色深受香港人歡迎，因而掀起一陣瘋狂的史諾比換領熱潮。那時候每間麥當勞由早到晚店內店外都擠滿換領史諾比的人，因為每人每次光顧只能換領一隻，所以近乎每天也有人去排隊。有報道説曾經有孕婦問店員「肚入面嗰個可不可以也當一個人？」而要求多換領一個公仔；亦有客人向店員表示付錢後不要食物，只是拿走史諾比公仔便可。換購的贈品玩具竟可反客為主成為銷售的主角，試問又怎可低估玩具的吸引力呢？

1.3 你係咪有「玩具選擇困難症」？

作為父母在平常日子也要經常面對選擇玩具的難題：一來希望可以透過玩具提升小孩某種甚至多種能力，但又不想孩子只沉迷某種玩具；又想該玩具可以讓小朋友定下來，從而讓自己有少少空間「抖抖氣」。

讓玩具爸爸告訴你：
「你已經確診感染選擇玩具困難症！」

除了試過「心多多唔識揀」，那麼你有沒有試過買錯玩具給小朋友呢？可能你會說：「唔理乜嘢類型玩具，只要是『大大盒』或者個包裝好精美，小孩子就一定很鍾意，又點會買錯？」看來你太低估現今的小孩了；他們打開禮物的第一個表情，再加上留意小朋友玩了多久，你就能知道自己有沒有買錯玩具，小孩子的反應不懂說謊。

既然選擇玩具那麼麻煩，不如讓小孩自己選擇便好了。 如果你也是這樣想， 請先看一下父母和小孩子在選擇玩具上的角色變化：

0-3 歲	倚賴父母幫他們選擇玩具
4-6 歲	小孩子開始有自己喜好和意見， 但仍未懂如何選擇， 會聽從父母的意見和決定。
7-9 歲	懂得清楚解釋給父母聽自己喜歡甚麼和原因， 努力嘗試讓父母聽從自己意見。
10-12 歲	嘗試用條件交換來叫父母買自己的目標玩具， 亦更具討價還價的能力去遊說父母。
13 歲以上	用自己的零用錢去買玩具， 完全不用家長給予意見； 如果不夠錢， 也只會想盡方法求父母給錢， 但仍是堅持只是自己或跟老友去買。

請好好珍惜作為父母仍然有選擇玩具權的時光，我們可讓選擇玩具的「困難」，變成父母灌輸正確價值觀的好時機。

這不局限於陪伴小孩子玩樂的過程，其實在很多環節我們都可以一點一點地培育孩子，這樣比對着孩子「日哦夜哦」有效得多。例如在選購玩具的經歷，我會和孩子一起討論每個玩具的特色、有甚麼好玩之處、款式有無延續性、玩法是否多元化等，亦可讓他們學習計算，這不限於計算多件玩具價格總和或者找續的加減計算，亦可培養他們學懂選擇，究竟是 $100 買一個電動機械人，還是 $60 買跑車賽道再加 $40 買兩架玩具車仔呢？這種選擇課題在他人生中必定大派用場。

在打開玩具包裝和看說明書的過程，就自自然然變成玩具版本的閱讀理解，而且你會發現是孩子搶着問你這個字點解，那個字點讀，那幅圖畫又代表甚麼，與強迫或強求他們溫書和做功課做成強烈對比。

觀察他們玩樂的過程，是認識孩子個性的最好時機。如果引用成人的例子，就像在麻雀枱上就最容易認識一個人的真個性，「人品好自然牌品好」並不是毫無根據。孩子遇到有人爭玩具人會怎麼做？砌來砌去都不成功，他們又會怎樣？玩十次輸九次，他又會不會發脾氣？對我來說這正是家長身教的絕佳時機，但不是要讓孩子覺得爸爸媽媽完美無瑕、毫無缺點，而是讓孩子知道家長怎樣面對自己的缺點和問題，並示範怎樣快樂的與人相處。

究竟玩具是甚麼？

1.4
買玩具心理大剖析

　　每年的聖誕節、兒童節和生日，各位大人都會為選擇禮物給小朋友而大傷腦筋。雖然玩具永遠都是小朋友的心水禮物，但偏偏現今玩具款式繁多，種類五花八門，你不難發現有些玩具在我們小時候見都未見過，又或者有些玩具外型看似差不多，但價格可相距幾倍的產品，好多時唯有「將價就貨」或「以貌取人」。我試舉幾個遇過的例子，這些父母揀選玩具的方法或態度都有點特色，看看會否就是你或你身邊的家長朋友呢？

> 「我好耐無玩玩具啦！識鬼點揀咩？再加上阿女玩公主，我男人點識啫？佢想要邊款就買邊款啦！」

這類「逃避型」家長因為日常生活已經有很多事情要處理，通常希望以玩具作為對小朋友的「鎮靜劑」，讓自己多點空間休息一下或者處理個人事務；所以買甚麼玩具他們會「無所謂」，只要滿足小朋友即時的快樂就覺得功德圓滿，有些時候因為怕小朋友在公眾場所扭計，會息事寧人讓他們自己選擇。

> 「梗係要買啲學到嘢㗎啦，例如教到佢英文、普通話、數學、科學等，最好還可以訓練到佢 IQ、EQ、AQ、CQ、MQ……咁嘅玩具就最好啦！」

「學識型」家長希望孩子學多一點識多一些，非常普遍亦十分正常；但發覺很多家長把「學到甚麼」作為選擇玩具的首要條件。

曾經看見有家長在展覽會中的選購桌上遊戲，拿着一盒桌上遊戲問店主：「這盒桌上遊戲有甚麼賣點？」

「這個遊戲玩法簡單易明，但又非常好玩和搞笑……」店主正打算詳細介紹。

「我意思係對小朋友有甚麼用途？」家長插咀問道。

「呀……這個遊戲玩得好開心的，因為那些……」

「小孩可以學到啲乜嘢？」家長急着問。

店員呆了一呆，那家長便已經放下那盒桌遊匆匆走了，我和店主相視苦笑。

「你下次應該話畀家長聽，呢盒棋裏面張説明書有德文，可能令到個仔學睇德文，佢應該會立刻畀錢。」我倆哈哈大笑。

Part 1

究竟玩具是甚麼？

「買名牌就無死錯人！買迪迪尼就得啦，佢哋有好多嘢㗎，除咗有米奇老鼠、仲有 Frozen、Toys Story、Avengers、Star Wars……佢地實鍾意啦！」

總會有一些家長不太認識玩具，就連玩具、電影和卡通品牌都會混淆，更加不會知道哪間玩具公司出產某類型玩具較為專門，有些連正版或翻版玩具也分不清。盲目追隨某個授權品牌，沒有細心選擇合適的玩具給小孩，很容易將玩玩具變成儲玩具，久而久之只會在家中多了一堆又一堆等待回收的玩具。

「成日買玩具咁貴，梗係去淘嘢啦！同一個款平幾倍，有時仲會做特價又送禮物，點會咁傻去買正版？」

精打細算向來都是媽媽的特色，但胡亂網上買入平價貨，真的要小心買了一些劣質產品，最終令自己孩子不小心受傷或造成意外；這個損失真的難以彌補，省多少錢也無補於事。我當然知道有很多大玩具品牌也有設立自己的專門網店帳戶，但同時網上平台上亦充斥不少放着與正版相同產品相片的網店魚目混珠，售價卻比專門店的正貨平一半以上，這情況可謂非常普遍。翻版玩具究竟有甚麼危險性呢？他們為了獲取最大利潤，可以透過選用不合乎標準的物料、有害顏料、劣質的零件裝嵌或包裝等，還經常發現貨品欠了配件或操作失靈等問題；因為他們根本沒有花時間和人力，去細心研究包裝如何有效地保護產品，以及確保貨物完整無缺的交到客人手上。我們若繼續助長這些翻版玩具，最終受到影響一定是我們的後代。

1.5
"Mission Is Possible" 玩具的最大任務

作為家長，你認為玩具的最大的任務是甚麼呢？是教育？不要把事情想得太過複雜，其實玩具的最大任務就是希望可以令孩子玩得開心，甚至令到身邊的人也感到歡樂，這樣的玩具可算是十分成功了。

你們可能會說：「小朋友見到玩具一定開心㗎啦！有幾難呀？」我想說的那種不是短暫的快樂，而是真正讓小朋友在玩樂過程中，由心發出的笑聲；這才可以令他們放鬆心情，忘記顧慮和煩惱；其實這個要求隨着小朋友的年紀愈大，是愈難做到的。因為他們已經接觸過太多太多不同的物質：電子遊戲、嘉年華會、派對、旅遊……要令他們再有新鮮感殊不容易；另外很多學校都要求斯斯文文坐定定，不得過分興奮，所以很多孩子進入小學後便會變得很沉默，甚至害怕受罰而不敢發表意見和想法，要孩子打開心扉並不如大家所想般容易。學校和家長常要孩子循規蹈矩，經常無意識地給他們加上很多無形的壓力；但今時今日的社會、教育、科技、文化和以往已經有很大的分別，我們應否還用小時候的一套理念放在今時今日的孩子呢？答案顯而易見。

Part 1

究竟玩具是甚麼？

就如玩具爸爸於〈1.2 玩具原來唔簡單！〉提及過的芝麻街 Elmo 公仔，單憑它的笑聲足以令小朋友和大人趨之若鶩；但今時今日的小朋友那麼「老積」，是否要用很複雜的方法才可做到類似的效果呢？事實並非如此，只要我們找到一些玩具能讓他們有「反斗」的快樂便可。

玩具爸爸想跟大家分享以下兩款玩具：

1. Pie Face

孩之寶推出的 Pie Face 遊戲系列，大小朋友可以「擺正牌」整蠱別人，平常搞到自己或別人周身污糟邋遢一定列入「畀阿媽鬧」系列，所以這種百厭的快感令到 Pie Face 大受歡迎。

其實這種遊戲設計背後是有一種理論叫「補償心態」。意思就是透過遊戲可以做到一些日常不能夠或不允許做的事情，從而得到滿足感和快樂。當然設計這種遊戲要拿捏「破界」的尺度，要做到恰到好處，不能造成紛爭甚至傷害，很考設計團隊的功力。

相片來源：
Hasbro Games

2. 作弊飛蛾（Mogel Motte）

　　顧名思義這個遊戲是可以作弊的；「玩遊戲怎可以作弊！？這不是禁止的嗎？怎可教⋯⋯」冷靜一下，先不談這遊戲怎樣玩，反而想讓我分享一下「作弊飛蛾」這個卡牌遊戲是如何發明出來的。「作弊飛蛾」是由兩個德國孩子發明的，Emely Brand（11 歲）和 Lukas Brand（13 歲）這兩兄妹認為普遍的桌上遊戲太悶了，因為「大多都是由大人獲勝的」；於是他們想出這個遊戲並和爸爸媽媽試玩一下，當然不少得展示一下他們的作弊能力。

　　如果這情況在香港發生的話，大家可想像應該會給父母「鬧到爆」，「作弊」這種事一定先打三十大板。可幸這事情發生在德國，不但沒有給父母責罵，反而幫他們把概念變成實物，「作弊飛蛾」在 2011 年推出，在 2012 奪得多個德國的桌上遊戲大獎，大受好評！

相片來源：
https://www.schmidtspiele.de/details/produkt/mogel-motte.html

究竟玩具是甚麼？

呢個卡牌遊戲點解咁好玩？

　　全因為這遊戲需要玩家聰明地棄牌以及有技巧地作弊，最快把手上全部紙牌棄掉的玩家便是勝利者。這個玩法看似非常簡單，若扮演警衛的對手是大近視的話⋯⋯玩家要輪流打出指定次序的數字牌，打出卡牌需是較上一張數字牌多1或少1。行動牌上亦有數字，若玩家打出行動牌時，即會執行不同的行動；遊戲最特別之處，是除了警衛之外，其他人是可以偷偷地丟棄手上的卡牌，這就是遊戲名稱中所提及的「作弊」了；玩家要高明地引開警衛注意，將卡牌掉到地板上或椅背後，否則給警衛捉到即要交換角色，負責監視眾人不能作弊，以作為懲罰。小孩子玩這個遊戲經常笑至流眼淚，因為會發現整個地板佈滿卡牌，而且成功避過警衛的監視已成功作弊的滿足感也令人興奮不已。

Toys 玩具 Daddy 爸爸

NOTES

　　玩具爸爸建議父母下次選擇玩具時，不妨首先以小孩子的角度，去找一些能讓他們單純地發笑的玩具遊戲，不要對學術、文化、科學或常識太過追求，先讓玩具的最大任務順利完成。

1.6
玩具反擊手機戰

　　這個題目肯定很多家長都非常有共鳴，實在不難發現小孩子越來越喜歡玩手機遊戲；雖然家長也知道這樣對小孩子有不良影響，但為了尋找一刻清靜（特別是在公眾場合），很多家長還是敵不過「電子奶咀」的威力。關於電子遊戲是否真的是洪水猛獸，會在〈1.7 大平反！電玩不適合孩子嗎？〉細談，我倒想知道是否真的沒有其他方法讓孩子乖乖地坐定定嗎？其實只要找到吸引的「工具」，便可避免孩子沉迷手機。玩具爸爸認為吸引的「工具」要符合以下幾個特點：

1. 玩法變化多端，結局每次不同；
2. 輕便攜帶，小朋友可以自己帶出街；
3. 玩法簡單，剛剛玩都可以容易上手。

Part 1

要找到集齊以上三個特點的玩具好困難？就讓玩具爸爸和大家分享兩款「好工具」：

1. 哆寶（Dobble）

　　Dobble 哆寶是一款非常受歡迎的卡牌遊戲，用一個圓餅形鋁罐裝着，體積細小，攜帶方便，適合小朋友把它放在他們的背包裏。這個卡牌遊戲包含 55 張遊戲卡牌，每張卡牌上有 8 種符號，玩家要用最快的速度找出兩張卡牌中相同的符號；第一位找到相同符號的玩家要大聲喊出答案，便可勝出那回合；不要以為遊戲玩法這麼簡單，小孩便會很快感到厭倦。因為 Dobble 哆寶包含了五種玩法，難度不同，可隨着小朋友的進度挑戰不同難度，現具爸爸在這裏和大家分享其中兩種玩法：

相片來源：
Asmodee

玩法一：

1. 中央留一張牌，有不同圖案的一面朝上，剩下的牌圖案朝下，平均分給每個玩家；
2. 倒數三聲，每個玩家同時翻開自己手上的頂牌；
3. 比對中間的牌，找到相同圖案者喊出圖案（圖案大小不需一樣）；
4. 喊中玩家將牌放置中央，成為新的比對牌；
5. 最先將手上牌出完的玩家便獲勝。

玩法二：

1. 每個玩家發一張牌；
2. 用自己手牌去比較其他玩家的牌，喊出一樣的圖案，喊對則疊至對方手牌中；
3. 最後的玩家將牌收走，然後從牌堆中繼續各發一張牌比對；
4. 牌堆的牌都發完了遊戲結束；
5. 最後被收走最少牌的人為贏家。

還有其他的玩法，遊戲原理都十分簡單易明，但同樣考玩家的觀察力、專注力和反應，更同時能讓孩子在快樂遊戲中學會不同東西的詞彙，當然還可訓練孩子的小手肌肉。亦因為此遊戲非常容易上手，適合和剛認識的新朋友一起玩，輕鬆地打破隔膜，亦適合大人和小朋友一齊玩，不會覺得太無聊，隨時玩得仲興奮過小朋友。

2. Go Bong！

FoxMind 的 Go Bong！是一款非常有趣且易玩的遊戲，這小玩意造型很有趣，有點像格仔餅，也有點像做冰粒的冰格；但這兩個以矽膠物料製成的玩意可以單人或雙人玩，還包含多個益智玩法，等玩具爸爸介紹一下 Go Bong！的四個玩法：

玩法一：The Solitaire 6 Queens Puzzle

開始時全部的波波都在凸起的狀態，然後隨意選其中一個波波按下，就等如放下了一枚國際象棋裏的皇后在這塊 6×6 的棋盤之上，然後嘗試放下總共六枚皇后在棋盤上，但不可以在同一直行、橫行和斜行內同時放下兩枚皇后，覺得很容易嗎？快來試一下。

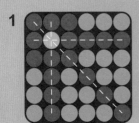
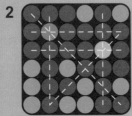

橙色位置：皇后
綠色位置：可放位置

玩法二：The Solitaire Knight Game

和剛才一樣隨意選擇其中一個位置開始按下波波，然後以「L」字形選另一個位置按下去，同一位置不能夠踏上兩次的情況下，試試讓所有的波波都被按下去。

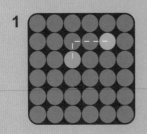
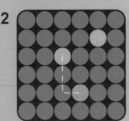
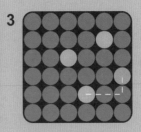

玩法三：Jumpimg Game

就像跳棋一樣，選了第一格之後可選直行、橫行和斜行方向，以一格或兩格的距離跳過去並按下波波，同一位置也不能夠踏上兩次的情況下，按下的位置愈多就愈高分。

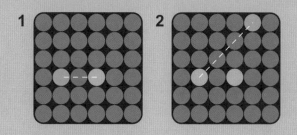

玩法四：2 Players Logic Game

雙人邏輯遊戲，第一位玩家可在任何一條直行或橫行按下 1 至 3 粒的波波，然後第二位玩家亦可以選擇任何一行的位置按下 1 至 3 粒的波波，之後輪流交替，按下最後一粒的玩家便是輸家了！這個遊戲變幻莫測，需要因應對手的每一步而作出思考和作出解決的方案。

Part 1

究竟玩具是甚麼？

除了以上考智力的玩法，其實也可利用它讓較年幼的孩子學習簡單的數字排序（Ordering）、格式（Pattern）、運算（Calculation）等數學理念，亦同時可訓練孩子的小手肌。因它們體積小小，輕巧方便，沒有可以丟失的小件，這使得它非常適合幼兒自己帶出街玩；由於它是由矽膠製成，不會跌碎，而且清洗十分方便，可以保持它清潔衛生。

玩具爸爸認為最重要的還是家長要身體力行，提醒自己減少經常看手機的習慣，如果連作為成人的我們也感到困難，何況是小孩子呢？就讓我們和孩子一起努力吧！

1.7
大平反！
電玩不適合孩子嗎？

在網上見到這個真人真事的故事：商場裏遇見兩位媽媽，穿花裙的媽媽帶着兒子坐在長椅上，兒子就拿着手機玩遊戲。不久，另一戴眼鏡的媽媽帶女兒緩緩走來跟她打招呼並坐在旁邊，見男孩正在玩電子遊戲便和花裙的媽媽説：「千萬不能讓孩子玩電子遊戲，很容易會上癮的。聽説我女兒班裏有個男仔，本來學習成績不錯的，但因為經常玩電子遊戲，晚上不肯睡覺，早上起不了床經常缺席，最後要見家長，後來還退學了。」花裙媽媽嚇呆了：「那麼恐怖嗎？玩電子遊戲不是對小朋友的頭腦反應有好處嗎？」眼鏡媽媽：「妳不要那麼天真，害了孩子你就後悔也來不及。」

這兩位媽媽大概説出了大多數家長的心聲，有些人視電子遊戲為洪水猛獸，有些人對電子遊戲一知半解。到底孩子該不該玩電子遊戲？如果玩電子遊戲，會給孩子帶來甚麼影響？而它們有甚麼比不上傳統玩具呢？

首先玩具爸爸建議家長親自去接觸這些電子玩具，去了解一下他們為何那麼吸引：豐富多變的畫面效果、配合故事背景的音樂和刺激的音效、富有挑戰性和千變萬化的遊戲模式、多類型的遊戲題材等。

但是我們家長有沒有去分析哪一個遊戲適合自己的孩子呢？當然我們不希望小孩子對世界的認知只局限於熒光幕、遙控掣和電子聲音，但現在已經有了很多用心製作的玩具品牌，透過手機遊戲程式去配合實體玩具和遊戲，而且並不是為了以配合手機應用為噱頭，讓玩具爸爸介紹三個玩具和大家分享。

1. Crayola Virtual Design Pro

家長對 Crayola 這個品牌應該不會陌生，很多小朋友都有用它出品的蠟筆；這個品牌不斷開拓新的產品類型，這套 My Virtual Fashion Show 的設計工具箱便是好例子。

My Virtual Fashion Show 的工具箱中配備了不同的顏色筆和多款不同造型的模特兒圖紙，小朋友便可以輕而易舉地為自己的模特兒創作出獨一無二的服裝設計，甚至可設定模特兒的膚色、髮型和配飾，製作出一場精彩絕倫的 Fashion Show。玩具爸爸喜歡這個玩具既可讓孩子透過科技發揮創意，但仍保留孩子拿起畫筆直接在畫紙上繪畫出細膩的筆觸。家長可鼓勵孩子利用不同的畫筆甚至工具去創作，例如用海綿或橡皮做印有效果的花紋，又可用報紙、布碎、鉛筆碎等創作出拼貼的圖案，這樣你必定會發覺產品內附送的模特兒圖紙不夠滿足孩子的創意。

Part 1

究竟玩具是甚麼？

相片來源：
Crayola

2. Moff Band

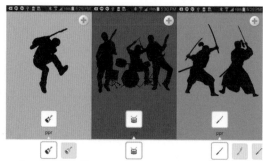

　　許多小朋友會幻想自己拿着一把寶劍或是駕駛飛機，一邊玩一邊發出聲音，想像自己進入某個場景之中。而這款 Moff Band 智能手環，正正可幫助孩子的想像力更真實地表現出來。透過與 App 互相連結，孩子們可拿起身邊任何一個物體，甚至甚麼也沒有拿着，也可去模擬自己正在使用某項工具，例如拿着羽毛球拍彈結他或者捲起報紙扮寶劍等，孩子還可選擇打棒球、打鼓、打網球及魔法棒等音效，還會有大自然與動物等不同的音效。

　　Moff Band 智能手環在 2014 年 3 月推出，並在美國眾籌網站 Kickstarter 上進行眾籌。Moff Band 內設有速度感應器以及陀螺儀等裝置，能夠理解孩童的動作與手臂的位置，因此可根據選擇的音效進行一連串誇張的動作，例如想像自己與朋友身處一場網球決賽中，互相對打着網球一來一往，還可聽到觀眾的歡呼聲而令孩子玩得更加興奮。

　　Moff Band 的 CEO Akinori Takahagi 表示，很多父母都擔心小孩過度使用手機與平板電腦，但它卻讓小孩動起來，運用想像力去玩耍，亦可加強人與人之間的互動。現在 Moff Band 是針對 3 到 10 歲兒童推出的，但是 Moff 希望以後能拓展到成人，在技術上能夠識別更多的動作，比如舞蹈和瑜伽，甚至能指導用戶舞蹈或者瑜伽做的對不對，玩具爸爸覺得這個概念非常實用兼有趣。

相片來源：
http://www.moff.mobi/

3. Nintendo Switch LABO

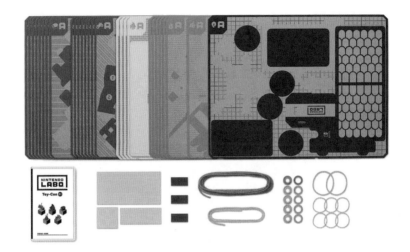

　　還記得第一次看見 LABO 的宣傳片，已教我目瞪口呆。當片頭出現一張又一張的瓦通紙，跟着音樂拍子在輸送帶走出來時，還以為這只是包裝的部分，殊不知這正是這新產品的戲肉。

　　任天堂這次利用精妙的瓦通紙摺合設計，創作出多款配合 Switch 手掣的玩具、樂器、遊戲、控制器，過程要小朋友自行製作拼合，甚至可讓他們美化令產品更具個人風格，Make、Play、Discover 理念完美演繹，真的是令人驚喜的返璞歸真。

　　當其他傳統玩具絞盡腦汁怎樣令產品更電子化、更配合手機遊戲或程式時，任天堂卻背道而馳、讓小朋友感受 DIY 的樂趣，啟發他們對工藝、物理結構和創意，再配合電子遊戲令玩樂變得更豐富，讓電子遊戲跳出熒光幕的框架。這理念真的令玩具爸爸讚嘆不已；令我想起很多家

相片來源：
Nintendo Switch LABO
https://labo.nintendo.com/

究竟玩具是甚麼？

長朋友問我是否應該讓小朋友玩電子遊戲，我的答案依舊如一：「玩具只是一件工具，孩子怎樣玩樂才是重點。做父母盡力讓孩子透過玩樂得到歡樂，啟發他們思考和興趣便非常成功了。」

其實只要好好選擇，再加上父母適當的啟發和引導，孩子也可透過玩電子玩具得到健康和正面的發展，家長不要被電子遊戲能帶給自己片刻的寧靜而蒙蔽。

相片來源：
Nintendo Switch LABO
https://labo.nintendo.com/

　　玩具爸爸鼓勵家長要多讓小朋友接觸不同的媒體、物料和空間，除了電腦鍵盤、遊戲機遙控等的塑膠物料外，提醒孩子他們世界還有木料、金屬、布料、沙、麵粉、水、冰等等；在聲音的範圍，也不應該令小朋友的聽覺限於電子聲效，應該透過傳統玩具讓小朋友發掘更多有趣聲音，例如一些小樂器玩具，透過不同物料的敲擊、磨擦等方法，令小朋友自己發現更多聲音的變化。

　　玩具爸爸要提醒家長和小朋友，熒光幕的影像是以發光的形式投射到我們眼睛，但我們平常見到的世界卻大多是透過反射光線而看到的；所以長期看着發光的熒光幕會對視覺有不良影響，更何況有很多電玩遊戲的畫面會經常出現閃光，這也會影響小朋友還未成熟的腦部神經。

　　在 1997 年日本就試過有數百名小孩子看《寵物小精靈》的卡通片時，由於其中數段畫面閃動過於頻繁，導致部分觀眾感到不適及暈倒，並造成超過 600 人送醫院治療，成為全球一次性引發癲癇症狀最多人數的電視節目。我們不妨跟小朋友分享這些資訊，讓他們去理解和分析問題，比我們強硬地禁止來得有效。

Part 1

究竟玩具是甚麼？

1.8
STEM 玩具有用，
但 SCOPE 更加重要！

今時今日的小童學甚麼都環繞 STEM（Science, Technology, Engineering and Mathematics），連買玩具都一定要關於 STEM，究竟為了甚麼呢？想他們懂得製造機械人？想他們學懂編碼（Coding）？想他們做下一個 Steve Jobs（Apple 電腦創辦人之一）、Mark Zuckerburg（Facebook 創辦人之一）還是 Elon Musk（Tesla 創辦人之一）？

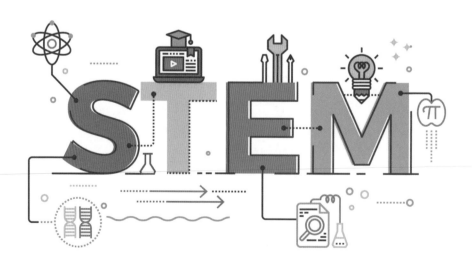

利申一下，我不是反 STEM 人士，相反我們一家也十分樂於當中的小玩意；但有一些家長可能誤把孩子對 STEM 的認知與學業前途直接掛勾，認為孩子愈早學習編碼愈好，但許多研究人員和教育工作者卻表示這理念是錯誤的。**其實在學習中，孩子能夠學到最重要的知識和技能，並非是對着電腦就會學到，反而是與其他孩子一起玩耍時才會更有效地汲取的；**我們要知道電腦或者機器無法輕易複製的人類與生俱來的能力，如感情、同理心、社交等等。

我非常贊同小朋友應該接觸電腦、科學、工程等技術，但是不要把 STEM 當成一門決定孩子將來的學科或技術；工程師不能知道二十年後哪些機器能夠做到甚麼；軟件工程師也不能知道二十年後使用哪種編程語言；職業顧問也不能告訴我們二十年後哪些職業最有前途。我反而覺得讓孩子通過玩耍接觸更多人與事，而不是只坐在屏幕後面，這樣對孩子們的發展和學習更能夠打好基礎。

玩耍更能夠打好發展和學習基礎？玩具爸爸説笑嗎？其實小孩子要與別人一起玩樂或者工作，都不能避免會遇上很多問題，而解決不同問題的方法並不是靠 STEM 的知識，但我們不難發現今時今日的小孩子，特別欠缺這些解決問題的能力，我把它們分類為 SCOPE：

S = Social Skills 社交能力
C = Coping with Adversity 應對逆境
O = Open-minded 開明思想
P = Patience 耐性
E = Emotion Management 情緒管理

先説明一下這個 SCOPE，這不是甚麼著名教育學家或心理教授嶄新研究出來的育兒理論，這只是對為人父母和教育孩子充滿好奇的玩具爸爸，經過多年觀察出來的個人愚見，不喜勿插。

玩具爸爸為人父親之前曾當過補習老師、兒童畫班導師及兒童舞蹈班的導師，與孩子相處也算有緣份和經驗，當中觀察到很多家長和孩子的相處方式都令我很難忘，亦對我作為父親這門學科做了一點備課。我留意到有一些孩子與別人溝通的方式，與他們的年齡有着很奇怪的差異，並不是孩子不善辭令，相反他們說話技巧上的老練（簡稱「老積」）令我刮目相看。除此之外，也見過有些孩子在碰到問題時的態度十分偏激，令我作為導師也不禁會想了解孩子他們是受怎麼樣的教育。

　　其實兒童每日有機會接觸到不同的人：家人、老師、同學、鄰居或在不同場合遇見的陌生人，家長們很早已經十分重視孩子在學校的人際關係和社交能力，但往往卻輕視了家庭之間的溝通。很多家長肯定不同意我的說法，認為自己每天都有跟孩子傾談，有很足夠的溝通，亦深信孩子在自己的引導下必定會練成良好的溝通和社交能力。那麼容玩具爸爸先對社交能力作個定義：社交能力是我們每天與他人互動和交流的技能，這亦包括非語言的交流，例如態度、手勢、面部表情和肢體語言。兒童的社交能力不只是代表孩子能交到多少朋友，或孩子在朋友相處之間如

何世故。不容置疑家長是小孩子的第一學習對象，他們會很自然地模仿家長的一言一行，在與父母交流時便很自然地學到表面或暗示的表達方法，甚至家長對孩子以外的人所運用的語氣和態度，都會有意無意地讓孩子領略了溝通上的困難和技巧；可是每個孩子的學習能力會有不同，若孩子在家長的身上學習溝通時遇上難以解決的問題，他們便很容易對社交失去信心，從而做出極端的反應。

聽起來有點恐怖或誇張，但我確實親眼目睹不止一次小孩在老師和家長面前一臉乖巧，但卻在小朋友群中掛上一副臭臉（我已經盡量避免說得更恐怖）。這些情況可能在你身邊也發現過，我不相信小童天生隱藏着邪惡面，他們其實是塊海綿或鏡子，從成年人身上吸收的再反射出來。玩具爸爸親身遇過一個大約 5、6 歲的男童，我見他鞋帶鬆掉了便善意地提醒他一下，換來的回覆是「邊個話我鬆咗喫？我特登喫，死蠢！」我被嚇呆得不懂應對，換轉以前的我肯定會被他氣得面紅耳赤，非要教訓他一下不可。但做了爸爸之後就有別的想法：這個孩子平常要聽過幾多次這類充滿傷害性的說話，才可以那麼自然地衝口而出？我想到這裏就覺得這個小孩很可憐。「小朋友，你知道剛才那句說話是很不禮貌的，令我很難受，平常是否也有人經常這樣對你？」小孩子對我的回應感到非常錯愕，他可能以為我會對他破口大罵，但我的問題令他不懂得回應，垂下頭轉身便跑了。

從這個孩子的行為、對話和反應，可以察覺他沒有良好的社交能力和情緒管理培訓，亦缺乏教導以耐性和開明的態度去面對和處理突如其來的困難，這個情況相比他那句無禮說話更令人值得擔憂，作為家長的我們應該認真看待這些能力和構想如何以身作則，為孩子作好好的示範。

究竟玩具是甚麼？

Part 2

咁多玩具點樣揀？

當發現今時今日的玩具科技日新月異，玩具品牌亦越來越多，同時我們收到四方八面的資訊侵襲，家長們應該用甚麼準則去挑選玩具？而自己的孩子有沒有玩錯玩具？

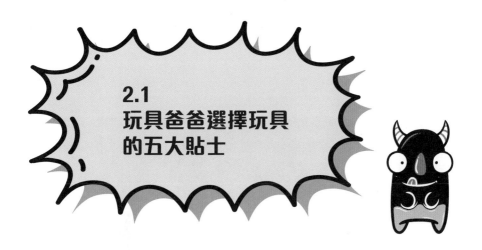

2.1 玩具爸爸選擇玩具 的五大貼士

在不同的育兒分享會或講座，玩具爸爸都經常會被問及這個問題：「選擇玩具給孩子最重要是甚麼條件？」這個看似人人都識答的問題，其實並未如大家想像中般簡單，尤其是當我們初為人父母，對養育孩子感到十分緊張但又缺乏經驗，永遠都想把最好的東西給他們。

但漸漸家長買了玩具回家後，只希望小朋友在玩的時候，可以替自己爭取多點時間做自己的事，或者可以休息一下，但有否發覺這永遠不可行呢？尤其是有多過一個小朋友的情況下，他們一定會為玩具吵架，明明家裏已經有很多玩具，但他們都只會同時間想玩同一件玩具；又或者他們一定要爸爸媽媽陪他們玩；但其實爸爸媽媽很多時候也不懂玩那份玩具，又怎能陪他們玩呢？這時候，父母會鼓勵他們自行研究玩具怎樣玩或者自創一些玩法，可是這些詭計通常也行不通。小孩子會很直接回應你：「我不懂。」他們會有不同的理由和方法要求家長陪他們玩。若最終父母也不理他們，那些玩具便會很快便被他們玩厭，玩了數分鐘便放下，然後家裏就多了一件垃圾了。

這樣的情況，很多家長一定會經歷過，不想家居變成垃圾棄置區，那麼便要精明一點去選擇優質玩具。怎樣才算優質玩具呢？讓玩具爸爸提供五個貼士給大家。

貼士1：安全性

　　毫無疑問玩具的安全性永遠放在第一位 ， 相信每個父母也認同 ， 但卻卻就忽略了其嚴重性 。 這不單止要留意選購的玩具是否通過各類安全測試和國際標準 ， 讓小孩玩耍的時候 ， 父母亦要細心留意當中潛在的危險性 ， 我常強調父母才是孩子最重要的保護屏障 。

貼士2：着重互動性

　　怎樣才算是有互動性的玩具 ？ 就如有些電動玩具 ， 只能讓小孩看着玩具它本身在動 ， 配以聲效或閃燈 ， 小朋友只會呆呆的看着 ， 這類玩具就是缺乏互動性 。 相對地具互動性的玩具 ， 當大部分都可變化或有不同的配件 ， 會引導孩子作出反應 、 思考 、 動作等 ， 若能鼓勵人與人間的溝通和互動就更加完美 。

貼士3：有持續性特質

　　簡單來説就是要挑選一些可以令小朋友玩得長久一些的玩具。很多時候買了新玩具回家，小朋友可能玩了一陣子後，很快便把新玩具放下來；但如果那件玩具可以加一些配件，又或者可配合另一些玩具，便可以變成一件新的玩具或者演變新的玩法出來，那麼這件玩具的壽命便等於延長了。例如不同的積木玩具，都可以原本的設計，加上另一副新的積木，就能創作出全新的玩具造型，既能延長玩具的壽命，又能夠訓練小朋友的創意。

貼士4：讓玩具培養學習的興趣

　　小朋友若能在玩耍的時候同時學習到新知識，這肯定每位家長也很喜歡，玩具爸爸也很認同；但是要留意，一定要小孩學得很輕鬆又愉快。小朋友在玩玩具的時候，能學到的知識有很多，邏輯思維、物理、數學、語文等，小朋友都可以在遊戲中很輕鬆地吸收，亦因為他們感到快樂，亦對學習這類知識感到興趣；所以家長要記住孩子玩玩具的目的，不是要着重學懂幾多的知識，而是誘導他們對學習感到興趣。

貼士5：具備多種玩法的玩具

　　選購玩具時避免挑選只有單一玩法的，其實多種玩法可以有很多不同的層面，例如有些玩具可以讓孩子拼砌出多種不同的造型，增加孩子的好奇心和培育創意；另外有些玩具具備不同的難度級別，讓小孩子感到挑戰性；或者選擇一些鼓勵孩子思考及策略，具有不同結果變化的遊戲。

咁多玩具點樣揀？

優質玩具不但令孩子能玩得健康和快樂，亦能在玩樂中培育出各樣成長重要的特質：樂觀、敢冒險、創意、愛分享，所以玩具爸爸建議父母花多一點錢去嚴謹選購一些優質的玩具，總好過買了一大堆廉價的垃圾棄置家中。

除了優質玩具，父母也需要好好配合才相得益彰；就例如和子女玩耍時，我會提醒自己留意他們玩耍時的態度和方法多過有沒有跟足指引，嘗試按照他們當時的想法和要求去配合。例如他們想我解釋說明書內的玩法，我會陪伴他們嘗試從簡單的文字和圖片中去領悟；但如果他們想隨意的去玩耍，我會充當一個玩伴的角色，偶爾會給一些建議或創作一些他們沒有想過的玩法，從中激發他們的分析能力和創意發展。

2.2 選擇幼兒玩具要很很很小心

選擇玩具要適合小朋友年齡，看似簡單但又充滿學問。作為幼兒的父母，安全性必定是最重視的因素。玩具公司和各國的相關政府部門亦都對 0 至 3 歲的玩具安全要求特別高，在物料、結構、潛在危險、光和聲音的強度等都有嚴格監管。雖然如此，玩具爸爸仍知道有不少幼兒玩具意外的個案發生，就讓玩具爸爸舉三個例子和大家分享一下。

1. 木製玩具

它是父母最熱愛選購的幼兒玩具之一，就算它們售價不算便宜，但由於物料取於天然，安全性讓很多家長充滿信心，不過不代表我們可以掉以輕心。

Part 2

咁多玩具點樣揀？

就像上頁兩款木製玩具，它們款式很接近，兩款也可提高幼兒對形狀、大小的辨識能力，亦能訓練小手肌和手眼協調，而且亦通過幼兒玩具的安全測試。但玩具爸爸想提醒家長，試想像一下，幼兒經常坐不穩，如果不小心倒在兩款玩具上的結果有甚麼不同呢？倒在三枝木棍一排的那款木製玩具，整個玩具會較容易跟隨幼兒一同倒下來；相對地有四枝木棍以四方形排列造成那一款，它不會因為幼兒碰到而一併傾側倒下，就等於幼兒會直接跌倒在木棍上面，有機會插傷眼睛，導致嚴重的意外。這個案例不是甚麼安全測試出了問題，而是作為父母之後，會在陪伴他們玩的時候留意到的一些小情況，才能聯想出來的潛在危機。

2. 毛公仔

毛公仔也是幼兒不可或缺的床邊玩伴，不管是男孩還是女孩，床邊一定放着毛公仔。父母在選購毛公仔的時候有三點的潛在危險：

❶ 尺寸過大

我們成年人擁抱着巨型的毛公仔，感覺軟綿綿很安全，但對幼兒可能有潛在窒息的風險，要避免把巨型毛公仔放在幼兒床上或讓他們抱着入睡。

❷ 眼睛的構造

毛公仔的眼睛普遍有兩種製作方式：塑膠製眼睛和刺繡眼睛。雖然合乎安全標準的毛公仔，它們的塑膠製眼睛要通過拉力測試，但市場上毛公仔的公司非常多，甚至一些沒有品牌的；所以玩具爸爸還是建議選購刺繡眼睛毛公仔款式，讓幼兒玩得更安心。

❸ 附帶的配件

在選購一些有特別造型的毛公仔，例如公仔頸上繫有絲巾，或是手裏持一些配件工具，又或者身上連着的一些毛毛球等，都要檢查清楚是否穩固地連繫着；若是容易剝落或可拆下的配件，會否體積太小容易令孩子吞下？如果那是帶有彈性的布質的配件，就要試試盡量把它壓縮到最小，如果直徑少過 1.25 寸，則存在讓孩子吞下窒息的風險。

3. 游水裝備

炎炎夏日我們都會帶小朋友游水，但給幼兒的游水裝備真不可胡亂選擇。如右圖這款嬰兒水泡船，就因為嬰兒座位部分裂開，導致 30 個兒童意外掉入水中，造成溺水的危險，慶幸沒有導致任何傷亡。這個浮水產品系列總回收數達 400 萬件，可想而知選擇幼兒玩具真的要格外小心謹慎。

Part 2

咁多玩具點樣揀？

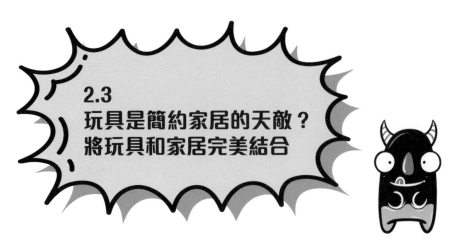

2.3
玩具是簡約家居的天敵？
將玩具和家居完美結合

　　相信每對父母結婚後都構思過，建立一個舒適簡約的家居環境，偶爾可以坐在窗邊喝口茶、看看書、播放一些輕音樂作為背景，但這個美夢往往就在有了孩子後徹底幻滅。

　　除非你住過千尺豪宅再加上有工人姐姐幫手執屋，否則你不難發現家中永遠有一個小角落（甚至不只一個）堆滿不同玩具的小角落。這個角落無論你試過多少次嘗試把它收拾或分類，它都會轉眼間出現；它就像挑戰你的耐性、脾氣和鬥志，最終你都會放棄，就像有盲點般忽視那個角落。

　　以往幼兒的木製玩具用大多用彩色繽紛為主，但往往與時尚室內設計風格大相逕庭，但多得玩具設計師的心思，今時今日已經出現了很多不同設計風格和類型的玩具，令以上的煩惱盡量減少。

　　例如 Areaware 透過與不同設計師的創意合作，推出具玩味又充滿設計風格的木製玩具，令玩具恍如融入家居的擺設。例如設計師 Fort Standard 創作的不規則積木 Balancing Blocks，有如在海邊玩的疊石遊戲，孩子把積木一顆顆堆疊，培養他們的創意和平

相片來源：
https://www.areaware.com/collections/toys-games

衡感，而且積木漆上環保的天然塗料，分為冷色、暖色、純白色系，時尚得恍如專門為配合你家居風格而設計；作為香港人對高樓大廈和綠化環境絕對不會陌生，設計師 James Paulius 這一套積木玩具就如我們居住環境的縮影，但卻透過小朋友無限的想像力，把我們的城市重新規劃，亦可成為家中一個時尚的微型擺設；

不要以為木頭人就一定「木木獨獨」，設計師 David Weeks 這套木製 Cubebots，由一個方塊變身為姿勢多多的木頭人，小孩子既可以為他擺出不同的姿勢在家中好好展示，亦可把它變回一顆大方塊攜帶出街。

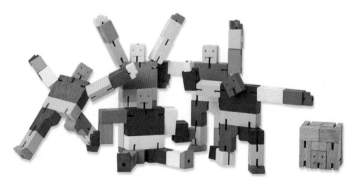

相片來源：
https://www.areaware.com/collections/toys-games

咁多玩具點樣揀？

又或者像 Sago Mini 這款家居咕咕，能由時尚的咕咕變化為布偶的場景，每款咕咕有不同的主題例如廚房、診所和睡房，而關於主題的圖案亦會在每個咕咕表面呈現出來，十分有心思，而且亦可把布偶藏於咕咕內不會輕易遺失。

相片來源：
https://sagomini.com/toys/pillow-playsets/

另外這款 Trígonos 的玩具建構組合，它們讓孩子使用簡單的木棍，方塊和織布來創作出變化多端的設計造型，例如直升機、小木船、小房子等。它的概念就如我們小時候玩的竹籤和泥膠一樣，但就恍如被「神奇放大槍」照射過一樣成為一比一的真實場景。

相片來源：
https://trigonos.cat/en/

PlanToys 出產的 Walking Elephant Baby Walker，小朋友可騎行大象向前行走，充滿樂趣。它外型簡約亦帶有設計味道，輕易地便能成為家中品味擺設的一部分。除此之外，還有很多既好玩又易於配襯成為家居擺設的玩具，例如復古童玩車、印第安風格的小帳幕、精緻的小人偶木屋等，配搭得宜的話還可成為家中的亮點。

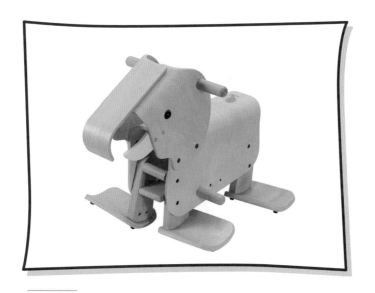

相片來源：
https://www.plantoys.com/product/61

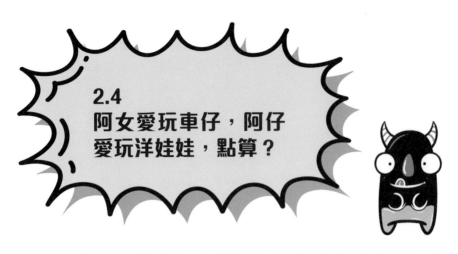

2.4
阿女愛玩車仔，阿仔愛玩洋娃娃，點算？

　　曾有家長朋友問我，如果發現兒子非常愛玩姊姊的洋娃娃，還會替她們換衫梳頭，這是否有點不正常？我馬上問家長他們擔心甚麼，家長答：「我怕他會喜歡穿裙子。」

　　有時候成年人的想法更令我想不通。為甚麼家長不可以正面去欣賞孩子的興趣，他可能對洋娃娃不同的服飾十分欣賞，亦可能是參考成年人，出席不同活動就換不同的衣服，從而幫洋娃娃設計不同的造型，模仿成年人是小童在成長中的一個學習模式，女孩子喜歡汽車玩具也可能因為看見爸爸的興趣而有所影響。我們還記得小時候曾穿上爸爸那雙巨大的鞋子四圍走嗎？或者戴上媽媽的飾物在照鏡子嗎？這些都是模仿成年人的自然行為。

玩具爸爸建議那位家長可以選購不同角色的人偶公仔，不一定限制於塑膠公仔，布偶公仔亦可，而人偶角色例如爸爸、媽媽、兒子、女兒、醫生、農夫、運動員、警察等等，最好選擇一些配有不同服飾和配件的款式，甚至鼓勵孩子自行繪製服飾，目的就是循着孩子的興趣加以支持，提供更廣闊的創作空間。

事實上，市場上的玩具的確有性別標籤化，是好是壞已經成為一個長久討論的議題。在過去的一個世紀中，社會在實現性別平等方面有着明顯進步，但是在兒童玩具的發展卻像還未趕上。就例如女孩子玩具大多以粉紅為主色，範疇亦不離化妝、衣服、煮食、育兒、家務等，男孩子玩具全多以藍和黑為主色，題材亦大部分關於戰鬥、速度、宇宙、建築等，玩具在性別上的定型，絕對會影響小孩子的價值觀和長遠發展。

其實玩具按性別來銷售，已有悠久的歷史。薩克拉曼多加利福尼亞州立大學的社會學家伊麗莎白·斯威特（Elizabeth Sweet）分析了 20 世紀以來 Sears（一間有過百年歷史的知名美國百貨公司）產品目錄中的 7,300 多種玩具，有了以下的發現：從 1920 年代到 1950 年代的玩具廣告都以特定性別去配對傳統的角色，例如「小家庭主婦」和「工業的年輕男子」。1945 年，隨着第二次世界大戰的結束，許多婦女都離開工廠返回家庭生活，那時候的玩具就明確地針對女孩應成為「小家庭主婦」的前設作推廣，例如：「你的小女孩定會喜歡這套餐具！」到 1970 年代，隨着第二波女權運動的全面展開，在玩具上的性別標籤大幅下降，例如 1975 年的 Sears 目錄中，只有 2％ 的玩具明確銷售給男孩或女孩，即使是一小部分針對性別的玩具（例如芭比娃娃），也開始更多採用與性別無關的原色：紅、黃、藍，但到 1980 年代，兒童商品的性別標籤化又重新出現。

在 2012 年，賓夕法尼亞州富蘭克林·馬歇爾學院社會學家卡羅爾·奧斯特（Carol Auster）進行的一項研究，對最大影響力的兒童潮流指標

Part 2

咁多玩具點樣揀？

「迪士尼」零售網站進行了研究，發現每個玩具都會被歸類為女孩或男孩玩具，410 款玩具中只有 91 款同時出現在兩個列表中，但之後該網站已經把男女孩歸類取消了。

這跡象表示把玩具男女標籤化的情況可能正在改變，尤其網絡世界的發展，令消費者的意見更能直接與商店及其他用家分享。就如 2015 年在美國的 Target 百貨公司（美國第二大的零售百貨集團）因為店內的指示牌分類為：Building Set 和 Girl's Building Set，被網上簡單的一句評擊 "Don't do this" 引來兩萬多個轉載和讚好，令他們在同年把店內玩具部的男女孩標籤化取消。

玩具爸爸認為很多玩具商店或網站把產品用性別分類的目的，是為了方便顧客更快捷地選擇合適的貨物；但如果把玩具用性別標籤後，會令另一個性別的顧客感受到：「這個產品是否代表不適合我？」我就我覺得應該把這個標籤取消；同時作為父母的我們也不會要以身作則，就算玩具或兒童產品因為任何原因把性別標籤了，也不要讓孩子輕易墮入性別歧視的陷阱，切記不要因為他們或其他小孩喜好的種類、款式、顏色等去作負面的評擊。

2.5
小孩玩射槍，
係咪好暴戾？

大部分男孩子也喜歡玩玩具槍，而且女孩子喜愛玩玩具槍的情況也越來越多；從孩子寶的著名玩具槍品牌 Nerf Gun 也有推出女童系列便可證明，但父母都不禁會擔心孩子喜歡「舞槍弄劍」，會否變成鼓勵孩子使用武器，鼓吹暴力？

這個問題極具爭議性，尤其在偶有槍擊案慘劇發生的美國。埃卡德大學（Eckard University）的心理學家 Marjorie Sanfilippo 博士研究表明，假裝自己玩槍的孩子雖然本身並不危險，但卻表明他們被這些力量的權力象徵所吸引，而當中男孩是特別容易受到影響。Sanfilippo 博士說：「進化心理學家會爭辯說，從一開始男性就是獵人、採集者、捍衛者和統治者。武器是狩獵和保衛自己的工具，而男孩則本能地被吸引。」

Part 2

咁多玩具點樣揀？

其實孩子在日常生活中經常能接觸到手持武器的情景：無論是《懞面超人》或《星球大戰》，或是第一視角的射擊遊戲，強大的武器和火力都會讓孩子拿着玩具槍時感到自己威猛甚至無敵。我理解父母為甚麼會對這些遊戲感到沮喪，但請緊記這是遊戲，遊戲不會導致致命的侵略，**我們的着眼點要培育孩子懂得分清遊戲和真實世界**，並留意玩具槍或其他玩具武器是否安全，而不是拼命阻擋他們玩任何玩具武器；況且，這是徒勞無功的。

大家是否依然記得盛極一時的手指陀螺嗎？它的受歡迎程度可稱風靡全球，它雖然不是玩具槍或武器，但是它仍然令很多老師和家長感到頭痛；因為很多小朋友都帶手指陀螺回學校偷偷地玩，甚至有小朋友不小心把它飛到其他朋友的面部引致受傷，所以有很多學校都視之為「禁物」。有些家長朋友問我：「玩具爸爸，應該給子女玩手指陀螺嗎？」

玩具爸爸不但沒有阻止我的子女玩，還會給他們看很多相關的影片，他們看完之後就七嘴八舌地問道：

爸爸，為甚麼那個是金屬色的？

為何我們那個陀螺是三個圓形，但影片裏面的那個只有兩個圓形呢？

為甚麼陀螺中間有那麼多鐵珠？

一個接一個的「為甚麼」，連玩具爸爸也要和他們一起上網尋找答案；其實在玩樂的過程中，真的有很多機會去學到新知識，不單是小朋友，連大人都能接觸到很多新事物。

　　因為值得可怕的不是玩具槍或刀劍本身，所以我鼓勵家長要主動陪同小朋友一起接觸玩具，了解他們的喜好和想法，既可從玩樂中增進親子感情，又能夠對孩子的興趣加深了解和循循善誘。

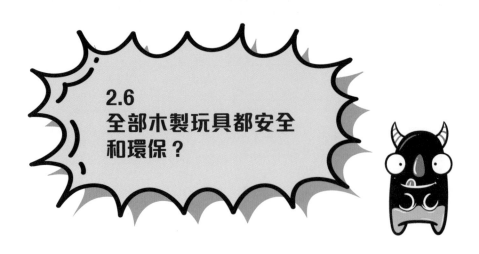

2.6
全部木製玩具都安全和環保？

　　很多家長都喜歡買木製玩具給年紀較輕的孩子玩，因為相信木製玩具物料天然，而且造型大多比較簡潔，木料雖可能會跌凹或刮花，但不易破爛，相對塑膠製的玩具比較安全，特別是木製的積木玩具，它對孩子的身心發育有全方位的好處；它既沒有噪音，亦沒有屏幕，但幼兒還是會安靜的坐在家裏玩，透過把積木拿起、放下、搭建，促進幼兒的大小肌肉發展，還能提升手眼協調能力、加強空間感和啟發創意。積木玩具對幼兒有那麼多好處，但如何選擇最適合孩子的積木呢？

　　現在的積木種類有很多，從傳統的原色木頭，到塗上豐富顏色的版本也有，而木製玩具更加五花八門，有樂器、火車、路軌、人偶及屋子等，不過大品牌的木製玩具大多定價較貴，所以不難發現有很多其他品牌推出木製玩具搶一杯羹，亦因為沒有包含甚麼科技元素，它們的外表都十分相似甚至一模一樣，但實際上又是否如大家所想呢？

其實這樣胡亂購買木製玩具是頗為危險的，有些廉價的木製玩具使用夾板木造成，當中使用的膠水化學成分，可能超出幼兒玩具的安全標準；因為木材本身的顏色，要在上面塗上鮮明的顏色是比較困難，有些劣製玩具廠商便可能用上含鉛的油漆來節省成本，如果幼兒不時把玩具放入口中，長期接觸會影響腦部發展。

優質的幼兒玩具品牌在選材、製作工藝、物料監控、包裝和安全測試都會達到國際級的安全水準，因此物料及研發成本會較高，售價亦隨之較昂貴，但換來的卻是父母的安心和孩子的健康和安全，玩具爸爸覺得十分值得，寧願自己飲少幾杯咖啡也要好好保護自己的孩子。

Part 3

玩具教仔好幫手！

「真係好勞氣呀！」當了家長之後才發現為人父母甚艱難的真正道理，教育孩子這門學問既考智力亦考耐性，情緒管理能力更是必修科目，何不嘗試用孩子最愛的玩具幫自己手？

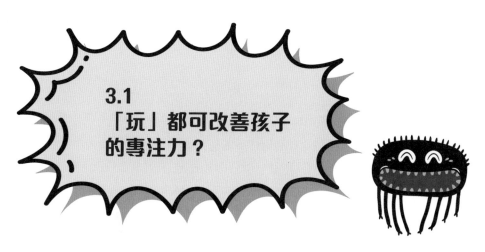

3.1 「玩」都可改善孩子的專注力？

　　就如大多數男孩子一樣，我兒子天生較好動，經常跑跑跳跳，要他坐定定專心做一件事往往令太太和我絞盡腦汁。其實我倆在「坐定定」這要求上已比較寬鬆，平常除了吃飯和做功課，我們連溫習也接受他們不用長時間待在一個位置，甚至見他溫得「悶悶地」，還會主動帶他到樓下公園溫習，發現效果比預期中佳。

　　在我觀察中，小孩在玩樂時候是比較容易專注的，這是由於玩具充滿樂趣，他們進行玩樂時的情緒狀態亦比較放鬆。而帶有挑戰性的玩具更能令孩子專注，這裏我有三種不同的玩具推介給大家，對訓練孩子專注力很有幫助。

Part 3

玩具教仔好幫手！

1. Perplexus 3D迷宮球

　　這款 Perplexus 3D 迷宮球曾經獲得美國玩具零售專賣協會（ASTRA）年度最佳玩具大獎；它的的外層是一個透明的球殼，裏面是一個複雜的立體迷宮，玩法簡單卻極具挑戰性：小孩只需旋轉球體帶動小鋼珠，避開死角和陷阱，順着軌道上刻有的數字順序走出迷宮便算成功。這玩具需要很高的專注力，同時鍛煉到手眼協調、觀察力和耐性，這個遊戲連大人也會玩上癮；因為要順利通過全部數字由起點去到終點並不簡單，絕對是適合大人小孩的玩具。而且這個玩具不需要電池，亦有不同主題的款式以供選擇，更設有迷你版方便攜帶，既益智又可消磨時間。因為它既益智又好玩，在坊間不難發現翻版貨，但劣質的透明塑膠會比較脆弱，其透明塑膠外殼容易刮花甚至爆裂，稍一不慎便會割傷，家長購買前要認清正貨。

————————
相片來源：
Perplexus 3D 迷宮球
http://www.spinmastergames.com/game-detail.php?pid=p10380

2. Moo斯密碼

相片由 Jolly Thinkers 提供

桌遊非常適合孩子玩耍，其中一個原因是每個遊戲背後都有一個清楚易明的故事背景，讓孩子輕易融入遊戲。Moo 斯密碼是一款適合較年幼孩子玩的著名桌上遊戲。乳牛大廚 Moo Moo 生病了，喉嚨痛得發不出聲音，幸好他想到用他的木湯匙來敲出 Moo 斯密碼發號施令，讓每個聰明的玩家充當大廚的助手。每位大廚助手都要全神貫注地聽着大廚敲打木湯匙的聲音「密碼」，看哪一位助手可以最快聽得出大廚到底想要的食材是甚麼並鬥快搶到它，但要小心過程中可能會有老鼠跑來搗亂，一旦發現就要抓住牠避免引來大混亂，就看看哪位最有效率的助手有機會成為乳牛大廚 Moo Moo 的接班人。

這個遊戲玩法十分有趣和富有特色，不但考驗觀察力和反應，最重要是考驗玩家的專注力，細心傾聽「密碼」才可找到正確答案。因為較少桌上遊戲需要考驗玩家的聽覺，而偏偏聲音是一種一瞬即逝的訊息，不像文字、圖案等可停留在某個地方，讓人可以重複細看，所以需要的專注力更加高！

玩具教仔好幫手！

3. 劍球

劍球，又稱劍玉（Kendama），這個於日本興起的玩意，玩具爸爸小時候已經覺得它非常好玩並有挑戰性；不管是大人或小孩，每次能成功做到花式都會十分興奮。不要以為劍球屬於懷舊玩具，今時今日它其實已成為潮人的玩意，網絡上有很多大  人小孩拍短片分享各種自創花式，同時亦有越來越多劍球品牌，顏色和款式選擇亦很多，有傳統木製的、有塑膠製的，更有會發光的，價格豐檢由人，看你要選擇較細和輕的入門版本，還是由全人手幬作、塗色及設計恍如藝術品般的劍球了。讓小孩子玩劍球可鍛煉他們的專注力、身體協調、肌肉控制和記憶力（Muscle Memory）、耐性和毅力，而且不受天氣或空間影響，體積細小方便攜帶。劍球看似簡單，但可造出各式各樣的花式，可因應進度提高學習花式的難度，極富挑戰性。

相片由 Sweets Kendamas 提供

玩具爸爸 Toys Daddy

　　玩具爸爸覺得普遍小孩的專注度也很好，只是家長能否發現他們專注在甚麼地方。有些孩子他們專注在比較廣泛的事情，例如：聽音樂、玩玩具、運動，但有些情況可能比較特別的，例如孩子可能不是太熱衷繪畫創作，但可以很專注地填顏色，這很需要家長細心觀察才可發現，再從旁啟發他們的喜好和賦予支持。

NOTES

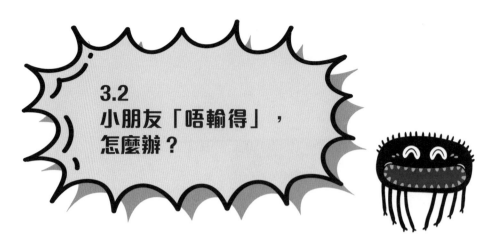

3.2
小朋友「唔輸得」，
怎麼辦？

很喜歡相約幾個家庭朋友在家裏團聚輕鬆一下，我當然會建議大小朋友一起玩遊戲；有一次當大家很雀躍討論玩甚麼遊戲時，竟然有一個小朋友說：「我唔玩了。」無論大家怎樣說怎麼問，他也堅持不玩，我們當然不會勉強，可是我留意到他是對我們的遊戲其實很感興趣。之後我在進餐後再與他交談，原來因為他不想輸，所以他不想玩，輸了他會哭。作為玩具爸爸，當然想到辦法讓他和大家一齊玩，等我和大家分享我介紹了甚麼遊戲。

1. Forbidden Sky

　　孩子害怕失敗，那麼我們就陪伴他一起面對挑戰吧！我介紹的這個合作遊戲 *Forbidden Sky*，正正適合怕輸的孩子玩。如果有玩桌遊的朋友，應該對《Pandemic 瘟疫危機》這遊戲不會陌生，而我想介紹 Forbidden 系列的 *Forbidden Sky* 也是由同一位設計師 Matt Leacock 創作的角色扮演遊戲，同系列裏面的前兩個遊戲是帶玩家走過會陸沉的島嶼 *Forbidden Island* 和會移動的沙漠 *Forbidden Desert*，那麼最新出的 *Forbidden Sky* 則來到天空之上，一個滿是雷電與風暴的空間，玩家們必須合力建造發射台的板面與電路，將電力順利傳送給火箭，啟動火箭之後就可以逃出並且贏得遊戲。

Part 3

玩具教仔好幫手！

整個 Forbidden 系列都有以下共通點 :

1. 需靠合作才可獲勝 , 不管勝負也是一起
2. 每個玩家扮演有不同能力的角色
3. 不能有玩家死亡 , 否則等於全隊落敗
4. 收集滿指定的物件後才可逃出
5. 圖板在遊戲進行中會有變化

從以上五點就可看出 Forbidden 遊戲系列非常着重團隊合作 , 並且是抱着 We win and lose together 的概念 , 增加團隊精神 。 而且這系列的圖畫設計上色彩豐富 , 亦有較多造型有趣的立體配件 , 最特別之處是這個火箭不單只是個立體的模型 , 當玩家成功連接電路後 , 真的能通電給火箭並發出倒數與發射的聲效 , 還配合閃燈效果 , 令玩家獲勝時更有真實感 。 用電的配件在桌上遊戲裏比較少見 , 但這個配備聲效和發光的電子火箭和電路配件 , 讓玩家更加投入遊戲 , 非常有心思 。

我在玩遊戲之前 , 會提前告知小朋友 , 等一下會有「輸贏」, 如果輸了該怎麼辦 , 讓孩子有心理準備 , 像是「我們可以再玩一次」或是「先暫停休息幾分鐘 , 讓大家討論一下怎樣會玩得更好 , 然後贏了便吃雪糕慶功。」, 孩子共同想出面對輸贏的辦法 , 既能提升他們解決問題的能力 , 亦能增強自信心。

2. 砌圖（Puzzle）

　　如果孩子執意不想玩比賽類型的玩具或遊戲，真的不要勉強他們，避免弄巧反拙。可先讓他冷靜一下，在確定心情已平復的時候，建議可一起玩些需要多人合作的玩意，就例如玩砌圖。

　　砌圖這傳統玩意，款式很多，題材廣泛，亦有不同的難度，甚至由最初的平面發展到現在 3D 的款式。讓小朋友玩砌圖的益處，除了訓練專注力、觀察力和分析力，還可透個合作建立良好的人際關係和溝通能力，但要注意小孩子玩砌圖的方法可能和大人的有所不同：大人玩砌圖很有策略和部署，先由邊位開始，然後由明顯的主題拼合，再利用顏色

分類令完成砌圖更輕易；但小孩子則是直覺型的玩砌圖，開始時大多率性地拿起一片便開始尋找它的位置，當然他們亦會在嘗試及觀察的過程中增強分析能力，會把較突出的形狀或顏色範圍先行處理。而當孩子開始與別人合作時，他們不但會漸漸發展出玩砌圖的策略，亦能加強溝通和討論的能力，培養出團隊合作的精神，不會只着眼於勝敗。

Toys Daddy 玩具爸爸

作為家長，在和孩子一起遊戲時，切忌「指揮官上身」，阻止孩子的建議；就算想法是多麼無稽或者沒有道理，也應該鼓勵他們禮貌地表達，然後用心跟他們溝通和討論，培養出互相尊重的精神；另外，有些家長和小朋友玩桌上遊戲時，喜歡所有事情都一手包辦，例如派牌、分物資等，其實透過遊戲是最好的機會灌輸分工合作的理念，而且應該鼓勵孩子輪流負責個別工作和崗位，建立公平的團體精神。

NOTES

3.3 入學面試前的 玩樂訓練

儘管家長各會選擇不同教育模式的學校，但入學面試始終是不可避免的。我不是要鼓勵大家強迫孩子接受高壓逼度的面試訓練，而是希望透過父母日常陪伴孩子的玩樂練習，讓孩子抱着輕鬆的心情和足夠的準備，讓面試的老師更清楚了解孩子的特性和優點。下面有些玩具可幫助孩子透過玩樂，作出輕鬆愉快的訓練。

1. 手肌訓練

6個月大的孩子就可以玩積木了，把積木拼在一起對他們來說可能有點困難，但父母陪着他們把積木拿起、放下、搭建、配對，這可以同時促進大肌肉運動技能和小肌肉的精細運動技能（如手指和腕關節），還能提高手眼協調能力。

同時父母亦可在旁簡潔清楚地講述不同積木的顏色、形狀、大小、長短等，並協助他們用手去接觸那件描述的物品，但避免用疊字的「BB語」例如「手手」、「糖糖」、「食食」、「車車」等，讓孩子適應一般成人所講的用語，而且要多用他的名字稱呼他們例如：「天明」、「心怡」、「穎彤」，而不是叫「妹豬」、「細佬」、「仔仔」等。

Part 3

玩具教仔好幫手！

2. 鼓勵聯想

要鼓勵孩子主動說話，不是要他們硬性的死記一些對答，因為只要老師換不同的角度去詢問問題，孩子便會感到驚惶失措，不懂作答。但是往往孩子不懂承接問題作出較詳細的回答，他們多數以「係」、「唔係」和「唔知」作為答案。我建議家長可用這個 Story Cube 遊戲去培養孩子的聯想力、組織能力和表達能力；Story Cube 遊戲有很多不同的主題，每個遊戲有九粒骰子，每粒骰子六面有不同的圖案，而且圖案全不相同，圖案表達的東西也可有不同的理解。

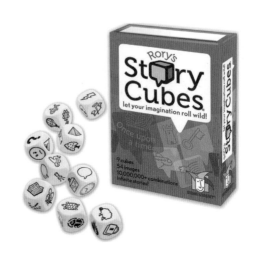

父母可以陪同孩子一起投擲骰子，再根據圖案一起去創作故事。創作主題可以由淺入深，由介紹自己到未來世界也可以，甚至可一起合作去完成整個故事。這個遊戲可以培養孩子透過簡單的圖案去聯想不同的事物，並透過訓練有組織地表達出來。

相片來源：
https://www.storycubes.com/en/

3. 輕鬆心情

　　家長們是否經常按捺不住叫小孩跟規則嗎？有試過質疑小孩的非邏輯想法嗎？宜家家居兒童產品部的代表 Amanda Lundqvist 曾經這樣説過：「現今世代的大人和小孩也生活在壓力之中，而玩樂是放鬆的時刻，毋須證明甚麼。」相信香港的家長很有共鳴，會發現自己偶爾連孩子玩樂的時候，也規定他們循規蹈矩。宜家家居推出的 LUSTIGT 系列，希望讓更多家長和朋友理解它的理念："Play for the sake of playing!"（把玩樂變回漫無目的！）這個系列中某些玩意可能會覺得像懷舊玩具般簡單，例如巨型的紙製疊方塊、魔術貼的投球套裝（球、手套和上衣）等，這種簡約遊戲對孩子來説可能已經充滿樂趣，在面試之前有助它們放鬆一下心情，從而避免孩子對面試產生抗拒的感覺。

相片來源：
https://www.ikea.com/us/en/cat/lustigt-collection-42083/

玩具教仔好幫手！

玩具爸爸覺得家長要讓孩子學懂守規則的重要性，但我們亦要提醒自己不應打擊孩子的主動性、創意和自信，特別在面試之前，更不應令他們感到緊張。玩具爸爸更建議父母可以放下自己的智能手機，然後讓自己毫無顧忌地和孩子享受一下遊戲中不需思索的簡單快樂，防止作為家長的我們也過分緊張。

NOTES

相片來源：
https://www.ikea.com/us/en/cat/lustigt-collection-42083/

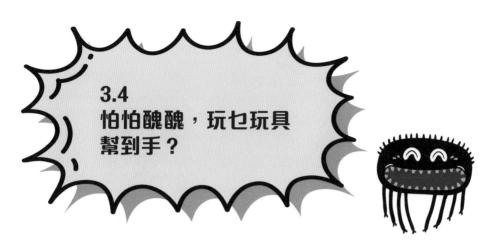

3.4
怕怕醜醜，玩乜玩具幫到手？

　　有些孩子在家就「也文也武」，但出到去就好怕醜，「講嘢細細聲，笑都要靜靜雞，好怕表達自己。」他們會因為擔心講錯說話或者做錯反應畀人笑，所以寧願收埋自己；但作為父母肯定非常擔心，怕影響孩子學校的學習及與其他人的溝通，何不透過桌上遊戲幫助一下孩子呢！

　　桌上遊戲有很多類型，有鬥聰明、鬥反應、鬥聯想力，但怎麼沒有遊戲鬥誰會扮鬼臉呢？這個遊戲的設計師以拍照時扮鬼臉的情境為遊戲主題，設計出一個可以大夥兒互動又歡樂的遊戲。玩具爸爸建議開始時一家人陪孩子玩，讓他慢慢熟習一下。

1. Say Cheese!

　　最少只需要三個人就可以開始遊戲，最多能讓六個人一起玩，六種顏色的小方盒正是代表六位不同的玩家。遊戲開始前，每位玩家都要選擇一種顏色做為代表，一個人可以拿到六個小方盒，在遊戲中稱為「表情骰子」，分別印着八雙眼睛、八個鼻子，以及八張嘴巴。除了表情骰子外，還有一整盒人物題目卡牌，每張卡牌上的人物各有不同造型和超級有趣的鬼臉。在遊戲開始前，每位玩家準備好手上的六顆表情骰子，而在大家中間會放下一疊人物題目卡牌。接着選出公認或自認最帥的或最美的玩家來當第一位抽牌出題者，等出題者抽完牌準備好，大家一起喊 Say Cheese!，此時出題者就要做出題目牌上的表情。待出題玩家做出表

情後，其他玩家要立即用手中的骰子排出該玩家的表情，排出來的人就喊 Cheese!，經出題玩家確認正確後，猜對者便拿到一分，不正確的話就換下一位搶答，當然出題者的表情也要一直維持，直到猜中為止。最後依據遊戲人數的多寡不同，只要拿到五分或六分即可獲勝。

遊戲規則很簡單，也相當容易上手，大人小孩都可以輕鬆融入，原則上只要反應快就可以稱霸全場。這個遊戲的特色就是歡笑聲不絕於耳，大家在遊戲記得要先幫臉部做熱身運動，才能讓自己的表情收放自如；而且也別忘記準備好相機，拍下大家有趣的臉部表情，盡情享受一家人最自然的歡笑聲。

可能你會擔心孩子一開始放不開，但當看見平常認真嚴肅的成年人，也願意做出各樣古靈精怪的表情，從而感受到身邊所有人輕鬆自在的歡樂，孩子便可慢慢放下怕醜的包袱，重拾做回真我的自信。

2. Slow Motion Race Game

　　有些孩子覺得自己不夠別人靈活敏捷，所以獨自坐在一旁，逃避不玩捉迷藏這類需要大運動量的團體遊戲。如果你發現孩子也有這個情況，可以跟他玩孩子寶推出的這個遊戲。

　　遊戲很簡單，參賽者頭上有感應器的頭套，當他們準備比賽時，他們同時按下其頭上的按鈕，這時候頭帶開始鳴叫，倒數四秒比賽就開始了。每個玩家都試圖成為第一個獲得聲望很高的紙板獎杯的人，但是拼命的高速衝刺並不是勝利的關鍵，因為頭帶中的感應器會限制了玩家的移動速度，如果玩家移動得太快，頭帶中的蜂鳴器會響起並且其頭帶上的指示燈會變成紅色，這要求他停止移動幾秒鐘，這就會給另一位玩家帶來幾秒鐘的優勢。這個遊戲簡單但非常有趣，有別於一般鬥快的競技遊戲，反而冷靜頭腦的玩家才更加有利。

相片來源：
https://products.hasbro.com/product/the-slow-motion-race-game:85B52633-C280-4C42-A993-E4BFE2526FFC

玩具教仔好幫手！

3. 樂高積木

　　有些孩子不善於用言語去表達自己的情感或意念，久而久之他們害怕在人面前説話，但可能心裏有很多説話未能講。作為父母我們要積極鼓勵孩子抒發他們的感受和想法，玩具爸爸建議可用玩具和遊戲誘導他們説故事，從中觀察他們的內心世界，亦同時建立溝通的橋樑和加強他們表達自己的信心。

　　用樂高積木方塊讓孩子當上編劇説故事，可算是其中一個最容易做到的方法。開始時可以直接利用樂高玩具中的一些特定造型部件，例如動物、樹木、花草等去建立最簡單的場景和人物，或者透過方塊去設計不同的建築物、環境、交通工具等，由於可以透過不同的部件去創作，比起傳統的 Playset 有更大的變化空間，給予孩子更多發揮創意的機會。

　　除了基本的玩法，我們還可加上一些道具配合樂高令孩子感到更多的新鮮感，在樂高網頁偶爾會分享一些有趣的玩法，就如圖中加上電筒和牛油紙就能夠製造出一個簡單的影畫劇場，就算沒有電筒和牛油紙，手

相片來源：
www.lego.com

機的電筒功能加上一張薄薄的紙巾也勝任有餘。 影畫戲雖然是歷史悠久的傳統藝術， 但一樣能夠帶給小孩子很多新鮮感和靈感， 如何透過光線把物件的輪廓明確地表達出來？ 又如何單憑剪影透過熒幕表達出故事？ 這些都是十分有趣的玩法和經驗。 加上我們可以透過手機把故事記錄下來， 讓創作的成果得到更多分享和欣賞的機會。 在整個創作的過程中， 都有很多機會讓小孩子表達自己的想法， 不管是透過說話、 創作或者畫面， 我們不是要求他們的故事多麼吸引或創作多麼精美， 最重要是能夠能讓家長透過玩樂去培養和鼓勵孩子的表達能力。

相片來源：
www.lego.com

玩具爸爸覺得以上的遊戲輸贏不是重點，氣氛才是精粹，遊戲時連旁邊的觀眾也會看得十分投入，如果用手機拍下再回味遊戲過程，更令人捧腹大笑，這樣便較輕易打破孩子的隔膜了； 我們不要低估毫無掛慮的歡笑聲，作為成年人的我們都應該知道這是多麼的難能可貴。

Part 3

玩具教仔好幫手！

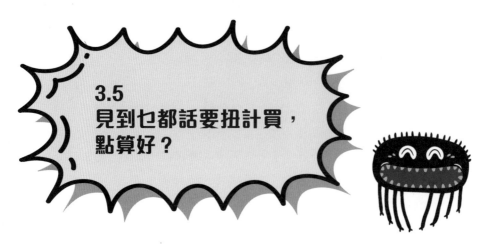

3.5 見到乜都話要扭計買，點算好？

「Daddy，我想買呢個玩具呀！」小朋友經過玩具部雙眼閃閃發光。

「呢個很貴呀！爸爸身上沒有那麼多錢。」爸爸疑假似真地回應。

「用八達通咪得囉！」小朋友想得真快。

「八達通裏面冇咁多錢呀！」爸爸無奈地說。

「去銀行撳錢咪得囉！」小朋友的鍥而不捨，令爸爸氣得無話可說。

　　以上情況是否曾經發生在你身上？小朋友想要買心頭好，自然地會問爸媽買，覺得無錢去銀行就會有，全因為他們對金錢沒有實際概念；如果因為這樣責怪他們實在不公平，但要教曉小孩明白金錢和物品價值的概念並不容易，其實可以透過以下這個遊戲，讓他們在玩耍中體會金錢、購物、價值這些概念和關係。

1. 地產達人（For Sale）

　　這個桌上遊戲節奏明快，如在拍賣的過程中，懂得明智地運用資金收購物業，隨時刀仔鋸大樹，以極少的成本收購優質物業。在出售物業的階段，你要戰勝對手就要用精準的眼光，出售手上優質、普通以至低級的物業來爭取最大回報，如果你眼光獨到，你的茅屋隨時值錢過別人的皇宮。遊戲分兩個階段，第一階段利用你手上的資金以投標的方式去收購物業（房產卡），每一輪翻開與遊戲人數相同數目的房產卡，所以每輪各人均可分得物業。玩家輪流出價，亦可選擇棄權；出價價錢是以順

時針方向進行， 先把競投的金額放在自己面前， 排位玩家我決定出價或棄權， 如要出價玩家的叫價必須比先前的更高。 一圈之後還未棄權的玩家可以在輪流叫價， 變數不限直至玩家陸續棄權， 剩餘最後一位玩家就可支付叫價的全數並獲取最高級的物業。 如果玩家一開始便選擇棄權， 他可從翻開的房產卡中， 拿取最低價值的物業， 並取回叫價的一半。 舉例說， 如玩家早前出價 $4,000， 到後來決定棄權， 他能取回 $2,000。 玩家不一定要出價才能獲取最低級的物業， 如你還未出價便棄權， 便不用付出任何金錢便能取得那一輪房產卡中最低級的物業了。 剛購得最高級物業的玩家， 便可以下一輪由他開始競投或棄權。 拍賣回合重複進行， 直至所有房產卡全部售出， 第一階段便告完成， 如果玩家手上認字有資金， 待遊戲結束時可用來結算。

第二階段是轉售物業， 玩家要把購入的物業出售來賺錢 （換取本票卡）。 與第一階段一樣， 翻開相等於遊戲人數的本票卡， 然後每人從自己手上的房產卡選出一張， 內容朝下地放在自己面前。 當所有玩家都算好卡後， 便可一同翻開， 然後搵間便輪流從桌子中央拿取本票卡； 房產卡等級最高的玩家能賺取面積最大的本票卡， 房產卡等級第二高的玩家便獲取面積第二大的本票卡， 如此類推。 直至轉售所有手上的房產卡後， 遊戲便代表進入尾聲， 玩家將自己的本票卡總值和第一回合剩餘的資金相加， 最有錢的便是贏家了。

孩子玩這遊戲是時候， 在第一階段如看見很高級別的房產卡， 大多會花很多資金去搶的， 但他們很快便會發現自己資金不足， 亦同時看見對手用非常低的成本便能購入中高級的房產卡， 這時候他便對運用金錢有深刻的體會。 到第二階段時， 他又可能碰上自己高級別房產卡換來的錢， 竟不及對手運用中

相片由 Jolly Thinkers 提供

下級房產卡所獲得的，這也是一個很好的方法去學習價值和投資的概念。

這個遊戲不但可以讓孩子初步認識一些經濟理論，更能培養謹慎運用資金的理念，能把本身抽象的理論和沉悶的道理融匯成為一個那麼有趣的遊戲，難怪「地產達人（For Sale）」這個遊戲那麼受歡迎。

2. 模擬動物園（O Zoo le Mio）

O Zoo le Mio 雖然是 2002 年的作品，但到現在還很受大人小孩歡迎，遊戲節奏明快亦充滿趣味；它更在 2004 年獲得德國兒童遊戲專家獎（Kinderspielexperten）8 至 13 歲組別的第二名。

先說一下 O Zoo le Mio 這個遊戲怎樣玩。玩家的身份是一個動物園老闆，為了吸引所有喜愛動物的遊客，你必須和其他競爭對手透過競投把最「吸睛」的的動物據為己有，在五年內將自己的動物園打造成最受歡迎的動物園。遊戲中有不同種類的動物明星：海洋生物類、靈長類、鳥類、爬蟲類及哺乳類動物，每種類各有 1 至 3 顆星的吸引力。

「遊戲準備」：遊戲每個玩家先選好自己喜歡的動物園，然後每人拿 8 個動物園錢幣，將錢幣藏於自己的動物園入口後方。其他剩餘的錢幣、遊客、樹木和椅子於桌子中央。另外把旗桿牌放於一旁，面朝下隨機將旗子放在旗桿上再翻開。還有將 25 張動物園版塊洗勻後面朝下放成一堆。

―――――
相片來源：
https://www.riograndegames.com/games/o-zoo-le-mio/

「遊戲進行」：為了要在五年的時間內成為一個最受歡迎的動物園，大家都要進行拍賣，而每一年會有 5 次拍賣。在每一年開始時，翻開 5 個動物園版塊按順序排好，然後一個一個拍賣，每一個都要被拍賣到；每賣出一個版塊，遊客、樹木和椅子都要按照以下的規則擺放，接着再拍賣下一個版塊。

「拍賣方式」：所有玩家將要出價的錢幣握在拳頭裏，不可以給對手見到，然後數一二三同時攤開，出價最高者便可以得到該動物園版塊，而其他玩家就可把自己的錢收回；若有人出價同高，則旗子較高的玩家便可成為中標者，完成後將中標者的旗子移到最下面，其他人往上移。然後中標者必須要馬上把得到的版塊加入他的動物園，版塊要至少延伸一條路，而路不能被草地阻隔。

「放遊客」：每放置一個動物園版塊，玩家須考慮哪一個動物園最吸引遊客。相鄰而同種類動物（同顏色）的園區可以合併為一個大園區。大園區的吸引力分數是所有合併園區的星號總和。如果有多個不相鄰而同種類的園區，只有最多星號的會計算分數。計算完星號分數後，放置兩個該顏色的遊客在該種類最吸引人的園區上，放置一個在第二吸引人的園區。如果只有一個玩家有該動物種類園區的話，他只能得到一個遊客！如果有星號平手的園區，遊客會放在較新蓋好的園區（遊客總是貪新鮮感的）。

「種樹木」：有些動物園版塊上有樹木，是可以增加吸引力。擁有最多樹木的動物園可以得到兩棵樹，第二多的得到一棵。

「蓋椅子」：當玩家在他的動物園內的道路形成一個封閉的範圍，他就可以擺放一個椅子在該範圍中間的草地上。這個椅子會一直擺放到遊戲結束，而且每年都會記算分數。

「每年記分」：每一年結束都要計算一次分數，玩家將分數寫在記分紙上。第一年的每一個遊客、樹木跟椅子都是一分，第二年兩分，第三年三分，第四年四分，第五年就是五分了。

「年終進帳」：五個版塊拍賣完代表一年結束，看一看每位玩家的動物園有幾個版塊，就可分到幾個錢幣，讓玩家可以有本錢進入第二年的拍賣。

遊戲愈往後所獲取的分數會愈高，玩家對動物園的規劃和資金運用亦越見重要！當第五年結束後，最高分的動物園老闆便是勝利者！究竟你是精明的企業家，還是不善理財和規劃的經營者？透過遊戲便可得到答案。

玩具爸爸覺得包含競投機制的桌上遊戲非常適合6歲或以上的孩子。我首先介紹甚麼競投機制：這是桌遊設計師經常使用的一個遊戲機制，小朋友在競投的過程中學懂自己決定價值，亦領悟怎樣保持資產平衡。「究竟甚麼東西買得起？」、「那件物品較重要？」、「自己和對方又願意付出多少？」一連串的問題都會在遊戲中讓孩子反思和進行分析，這種知識很難在課本或其他玩意中體會到，但偏偏這些知識卻是對我們十分重要。

3.6
習作以外的數學練習

　　某些孩子在數學上的領悟力較弱，一些看似簡單的數學理論也掌握不了，父母看來就會擔心，然後買了很多補品 ─ 補充練習 ─ 希望令孩子有顯著的進步。但其實每個孩子的能力必有高低，我們不要過分緊張，最重要確保孩子不要對數學感到恐懼，再慢慢建立學習的興趣和信心。其實有很多的玩具也能讓孩子在玩樂中接觸數學理論，讓玩具爸爸把幾個親身體驗給大家分享。

1. 大富翁（Monopoly）

　　我家兩個孩子十分愛玩大富翁，當然我和太太也是他倆的好對手。在遊戲中，發現他們在買賣找換時，計算上感到困難並就打算逃避，會對我撒嬌求幫忙計出答案，我當然不會「死忍爛忍」住兩個強而有力的撒嬌，把握這個機會去引導他們。例如我在擲骰後，我不會用逐格方法步行到下個

Part 3

玩具教仔好幫手！

相片來源：
Hasbro Gaming

地方，而是裝酷直接地移到正確位置；這時候的他們會感到很神奇，但亦帶點懷疑，所以我會讓他們試行一下，去檢查我的計算有沒有錯誤。當他們發現我每次都能夠快而準去到正確地方，我便引導他們揭開爸爸利害的「秘密」。我叫他們查看一下大富翁每邊有多少格數，當他們發現每邊也是十格的時候，我便告訴他們這是「十的魔法」。只要把兩個數字相加等於十的情況記得滾瓜爛熟，便可以很快透過十的相差去知道每次要行的距離。他們不禁也對這個魔法感到興趣，但又怎樣令他們把兩個數字相加等於十加深印象呢？那麼就讓另一個小遊戲登場了。

2. 撲克牌

撲克牌是很好的玩意，一副卡牌能做出很多不同的遊戲方法，也方便帶出街隨時玩。為了讓孩子對兩個數字相加等於十更加瞭如指掌，玩具爸爸就把大家非常熟悉的「潛」烏龜改良一下：原本的玩法是把手上相同的牌打出，但這個改良版本是把相加等於十的配對打出，例如 3+7、A+9、10+K 等（J、Q 和 K 也當 10），當孩子玩了幾局後就已經把全部組合牢牢記住，然後到抽牌時，他們又會反過來用相減法去估計那張卡牌是烏龜，這樣他們也同時了解相減的道理了。

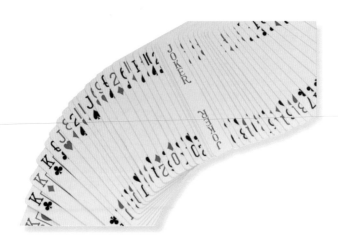

3. Cuboro

除了透過遊戲學習到加減數 ，玩具爸爸還喜歡用建構型玩具讓孩子對體積 、 重量和空間等加深了解 ，而彈珠拼接組合 （Marble Run） 又可讓孩子學懂距離 、 角度和速度 ，而 Cuboro 就是融合了兩種玩具的優點 。

Cuboro 彈珠軌道積木組合是由瑞士人 Matthias Etter 發明設計的 ， 起初是針對行動不方便或需要特殊教育的孩子 ， 鼓勵他們思考和培養創造力 ， 隨後為了能夠普及推廣 ，便生產出基本的核心組合和擴充組件 。

Cuboro 的獨特之處是在於它的設計 ，它本身是包含外部和內部軌道連接的立方體積木 ，能啟發孩子的空間想像 ， 邏輯思維 ，配合孩子學習的成長度 ， 可以製作出不同的複雜程度 。

相片來源 ：
https://cuboro.ch/

沒有親身接觸過 Cuboro 的積木，是難以理解它的造功和設計是多麼精細。看似一模一樣的方塊因為內部軌道的不同，會造成不同的流動方向和速度，能否由起點到終點是需要經過構測試、調整、再次測試、再次調整等的過程。它挑戰玩家的頭腦分析力和眼睛觀察力；當你認為已經用盡標準積木去設置所有組合，可以購買一套特殊功能的擴充組合或補充組合，組合出一更多不同的全新架構。推介 Cuboro 積木的另一原因，是因為它採用來自瑞士的 FSC（森林管理委員會）認證的木材，對保護自然生態十分重視。在瑞士 Cuboro 不僅是玩具，亦以用來作為學校教材以及應用在職業治療中。

　　玩具爸爸覺得在現今的教育模式令老師、家長和孩子都難以適應，我理解不能所有學問也可用活動教學去鼓勵孩子探究、討論和思考，畢竟有些學問需要牢記基礎的知識才能繼續鑽研和進步，但現在容許老師和學生學習的時間真的越來越短，就像要用最短的時間去畢業才算優異，很容易令孩子對學習這事兒充滿負面情緒。如能透過玩遊戲引導孩子學習，既能讓他們輕鬆地吸收新知識，更能激發孩子自己對學問的追求，這才是我們希望教育啟發孩子的真義。

3.7 「好心急」的靈丹妙藥

　　不論做功課、默書以至考試，很多時候孩子答錯扣分不是因為他們不懂得答案，而是太心急、太大意寫錯了。不知道他們是為了趕着去玩，還是擔心完成不了題目。這個小缺點不管家長怎麼苦口婆心提醒，小孩子為甚麼總是沒有改善呢？但老實說，這個老毛病連很多成年人也不能輕易改掉，又何況是小朋友呢？

　　若不想成為自己變成囉囉唆唆的父母，何不試一下別的方法？就讓玩具爸爸分享一個桌上遊戲，讓他們知道不是每次鬥快便能夠取勝，應該要快而準才可穩操勝券。

1. 豬朋狗友

　　這個遊戲叫做「豬朋狗友」，這個遊戲有兩個版本，分別為豬仔版和狗仔版。遊戲背景是講農場裏的小豬、小狗們知道農夫不在，趁機開派對玩遊戲，但他們只可以和他們長得一模一樣，或者只有一樣特徵不同

相片由 Jolly Thinkers 提供

的朋友才可一起玩。他們的特徵十分趣致：有的皮膚色深一點、有的長得小一點、有的帶黑超、有的愛吃爆谷、有的舉單手⋯⋯這個也是遊戲中精妙的地方，很多看來相似的，其實他們殊不相同。

遊戲開始前，先翻開 30 張卡牌以 5×6 方式排列在桌面中央，每個參賽者首先要抽一張隊長卡，當所有參賽者一起直呼「豬朋狗友」，遊戲便馬上開始。各人鬥快爭奪桌面上的卡牌，疊放在自己手上拿着的卡牌之上，但參賽者選的卡牌必須與其手上的卡牌完全相同、或兩者只有一項特徵不同。然後再爭奪下一張時，就需要以剛剛搶回來的卡牌作為基準，再去找尋合適的卡牌。當參賽者若在桌面上已找不到可堆疊的卡牌，玩家即可喊「停！」來結束這個回合，而有人喊「停！」後，所有參賽者就不可以再拿卡牌。

接着就是查牌的時候，亦正是能讓小朋友體驗心急大意有甚麼害處的好時機。先檢查喊「停！」者，是否真的無卡牌可取，如果發現桌上尚有卡牌可供選擇，則喊「停！」者失去手上所有卡牌，亦即是該回合沒有得分；但如果桌上真的沒有卡牌可供選擇，則喊「停！」者從可以在桌面多拿 1 張牌以作獎勵。然後到檢查所有人手上的卡牌，看其中有沒有違反堆疊的規則，若其中所選的卡牌有錯誤，該回合便沒有分數了，相對地如果手上所選的卡牌全部符合規則，則能保存手上堆疊的卡牌，這亦等於該回合的得分。

重新填滿桌面中央的 30 張卡牌後，各人再獲發 1 張牌後，即可重新開始另一回合，直至卡牌不足讓桌面中央補回 30 張，遊戲便結束，然後各參賽者點算自己各回合所獲得的卡牌總數，取得最多卡牌者便是勝出者。

2. 快手鬼鬼（Ghost Blitz）

這個遊戲非常易學，而且大人小朋友都可以一起玩，玩具爸爸已經多次見證大人敗在孩子手上。輸掉遊戲的原因不是因為不夠手快，而是太過心急。

「快手鬼鬼」是個講求觀察、考反應又鬥冷靜的遊戲。遊戲中有五件木製公仔：白幽靈、紅椅子、藍書本、綠瓶子、灰老鼠，另外有60張卡牌。每張遊戲卡牌上，皆印有2個公仔。遊戲開始前，先將五件木製公仔和卡牌放在桌面中央，然後每回合玩家輪流翻開1張卡牌，各人即按卡牌圖畫所示去搶奪桌面中央的木製公仔，但選擇公仔是需要符合以下的準則：

相片來源：
https://www.zoch-verlag.com/en/games/young-wild/geistesblitz-601129800/

玩具教仔好幫手！

1. 顏色與木製公仔相同，則搶奪與圖畫相同的木製公仔。例：牌上有藍書本、紅瓶子，大家即要搶奪藍書，因為瓶子公仔本身是綠色的。

2. 牌上的圖畫，顏色與木製公仔沒有相同，則搶奪與圖畫完全無關的木製公仔。例：牌上有綠書本、白老鼠，大家即不要搶書本、老鼠、綠色的、白色的。因此大家要搶奪紅椅子。

每人每次只可搶奪一件木製公仔，舉手不回。搶奪正確木製公仔者，即保留翻開的卡牌，並負責下回合翻開卡牌。搶奪錯誤木製公仔者的玩家，則要交回一張手上保留的卡牌，送給該回合勝出的玩家。玩家若無保留任何卡牌，則毋須交回卡牌。當所有卡牌翻開後便遊戲結束，保留最多卡牌的玩家便是勝利者。由於遊戲有搶奪錯誤要倒罰一張卡牌這個規則，所以心急的玩家往往成為輸家，被反應較慢但穩陣派的玩家打得落花流水。

玩具爸爸覺得以上遊戲好玩的地方除了要眼明手快，還要參賽者非常細心，否則就算多快也只會功虧一簣，這正好讓小朋友體會到，過於心急會有甚麼問題，這便能透過遊戲輕鬆培養出他們細心觀察、小心謹慎的能力，不需要家長在孩子耳邊每天叮囑了。

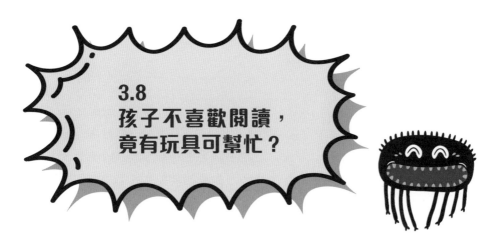

3.8
孩子不喜歡閱讀，
竟有玩具可幫忙？

相信大家都知道，培養小朋友閱讀的習慣對他們非常有益，但如果孩子對書本沒甚麼興趣，作為父母又可以做些甚麼？帶他們去圖書館？逛書店？買更多故事書放在家中？如果告訴他們和他們玩遊戲，你猜小孩子又會否有截然不同的反應？玩具爸爸把以下玩具介紹給大家，讓孩子透過玩樂接觸到閱讀。

1. Storyball

Storyball 是一款互動式的智能玩具（A.I.Toys），它通過一系列有趣的故事和互動遊戲，讓孩子在玩耍中學習和成長。Storyball 在 2018 透過 Kickstarter 籌款，用了短短 45 天的時間就成功獲得初始融資目標多 4 倍的資金。

相片來源：
https://www.mystoryball.com/

玩具教仔好幫手！

Storyball 的原本設計是協助和鼓勵康復者，透過簡單的遊戲，從傷患中再次活動起來。之後內置了聲音效果和豐富的互動遊戲元素，再加上包在表層不同的角色，賦予它新的生命，把它演變成為集合了他媽哥池（Tamagotchi）的有趣互動性和恍如真正控制着的寵物小精靈（Pokemon）的混合體。它視乎配合不同的外殼，就會感應不同的角色，並配合 Apps 一起進行不同的活動和挑戰，記錄孩子的學習表現和進程，配合孩子的成長，使這個玩具能夠適合 4 至 10 歲的小朋友。

小朋友透過聆聽故事的情節，去完成所要求的動作或挑戰，而 Storyball 具有的人工智慧及機器學系技術，可以識別 100 多種不同的手勢和動作，並運用聲響、觸覺和閃光來提示兒童下一步要做甚麼。例如要求孩子跳過假想的圍欄；或者當前面有火時，它會閃爍紅色和橙色；它亦會通過音頻對你的動作作出回應，幫助兒童發展他們的運動技能，並且適合一個或多個人使用，培養孩子的社交能力。

玩具爸爸覺得 Storyball 很適合較好動的孩子，透過遊戲讓孩子穿梭於現實和幻想世界，並為孩子創造新的學習體驗，雖然這個玩具亦須配合手機程式使用，但孩子不用把集中力放在熒光幕上，而是透過聽覺、想像力、動作去學習，配合不斷更新的程式內容，令到這個玩具的發展空間非常大。

2. 積木活動圖書系列

除此之外，我們可以投其所好，透過孩子最喜歡的玩意吸引他們主動去閱讀。玩具爸爸記得讀書時期因為英語能力不好，很自然就不喜歡看英文書，但卻因為自己喜歡英國的足球會利物浦，就會主動看很多來自英國的相關新聞或體育雜誌，漸漸培養出不再害怕閱讀英文書籍的習慣。

玩具爸爸另外想推介的便是樂高授權 Klutz 出版社發行的積木活動書（Activity Book），不論男女，小朋友都很喜歡玩樂高積木，透過

拼砌積木吸引他們接觸書本甚至愛上閱讀最好不過。當中有三個系列：*Gadgets*、*Chain Reactions*、*Make Your Own Movie* 各有精彩之處，適合不同的年齡層。

Gadgets 書上寫適合 8 歲以上的孩子，但我覺得有家長陪同下，年紀較小的孩子也能完成書內的一些「會動」的機械作品！本書獨家附送 58 個正版樂高組件，不需要其他工具或零件，就能打造出 11 款不同的樂高機械作品，包括投石器、機械爪、飛輪巡邏車、超級攪拌機、迷你電影院、機器人拳擊戰士

等，激發孩子無窮的創造力。孩子在組裝時，能體驗簡單的齒輪、槓桿、平衡、能量轉移等各種有趣的機械動力，輕鬆導入 STEAM 概念。

Chain Reactions 的主題是透過樂高設計的機關，配合一些隨書附送的配件，讓孩子啟動一連串『連鎖效應』！有別於上文提及的 *Gadgets*，*Chain Reactions* 隨書附送 33 件正版樂高外，還配有 6 顆球、1 條繩子、8 副斜坡紙板、1 個漏斗、2 張立體標牌、1 個小桶子，可想而知這本書要製作的機關相對比較複雜，亦需要利用其他工具，我認為在家長的陪伴下，這套活動書比較適合 5 至 6 歲的小朋友玩。正因為涉及的工具和配件較為豐富，它的設計亦比較富娛樂性和啟發性。孩子在組裝的過程需要涉及不同物料，但相對更能提升專注力和耐性，孩子完成後更能得到滿滿的成就感。除了書中有詳細的解說，並寫上一些小觀念及原理，而且還有二維碼，可直接看教學的影片，非常實用。

Part 3

玩具教仔好幫手！

最後一款名為 *Make Your Own Movie*，就和剛才兩款風格非常不同。這套活動書主要是教導家長和小朋友如何用一部手機，就能運用樂高積木拍攝出有趣又富動感的影片。書中將影片製作的每個環節都詳細列舉出來，包括寫劇本、設定場景、分鏡拍攝等等，搭配書中附送的 36 款樂高獨特配件和六張場景卡，以及建議的 Apps 軟件 Stop Motion 或

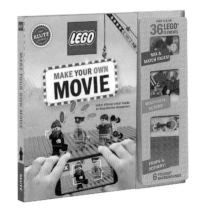

Musemage，就可以讓孩子創造自己的樂高電影。這本書用字簡單，但內容非常豐富，而且透過學習書中的例子，就能激發孩子的無窮創意，利用自己的玩具創作更多精彩的故事，這正正是家長最期待的學習成果。

相片來源：
https://www.scholastic.com/parents/klutz.html

Toys Daddy 玩具爸爸

玩具爸爸覺得我們作為家長先想一下，鼓勵孩子閱讀的真正目的，是純粹希望孩子逃離電腦熒幕？或者希望他們學懂書本中敘述的知識內容？還是再深一層，希望培養孩子追求學問的興趣？如果發現孩子對靜態文字不感興趣，那麼強迫閱讀很多文字的書本可會弄巧反拙，我們可以好好利用不同玩意和媒體的配搭，去培養孩子他們學習的興趣吧。

Notes

3.9
無限精力的好幫手

　　父母好多時候都不明白，明明由早到晚都安排了一個接一個的活動：打羽毛球、游水、跳彈床、到公園玩、踩單車等等……本打算幫小朋友放電，但到頭來卻弄得家長筋疲力竭。其實每次和小朋友出去戶外活動，父母要準備的東西非常多，基本的包括多款玩意、器材、防護裝備、飲用水、毛巾、替換衣服、蚊怕水、防曬液、膠布等等（如果游水就更加多），可想而知為何家長那麼疲倦。

　　玩具爸爸也是過來人，經常去想有沒有一些戶外玩具既輕便又充滿樂趣？又或者玩法百變多端？足以令小孩子的精力發揮得淋漓盡致。看看以下幾個介紹會否也適合你：

1. Morfboard

香港的小朋友彷彿不論男女都擁有一部 Scooter，說它是最受歡迎的小朋友戶外玩意也絕不為過。因為 Scooter 相比單車所佔的空間較少，非常適合香港的居住環境，但就算這麼受歡迎，有時候小朋友帶它出外玩一會兒就會把它放在一旁，看來普通的 Scooter 已經不夠滿足好動的孩子。

這款 Morfboard 既是 Scooter，又可變化為滑板（Skateboard），還可加入滾筒變為訓練平衡力的平衡板，或是加上一對彈力球變為彈跳板，玩法變化多端，而且每種玩法也講求技巧，需要孩子花時間去學習基本玩法，再鑽研更高的花式技巧。為了讓孩子更易掌握，還可添置能裝拆的防滑墊加在板上；亦可換上發光車輪，令本來外型已經十分時尚的 Morfboard 更加炫目。

玩具爸爸不但覺得它多合一的功能十分豐富，令玩具更多富樂趣更耐玩，而且它的外型和配色不像一般較孩子氣的設計，相對地較接近年青人喜歡的用色和風格，十分滿足孩子嚮往做大哥哥大姐姐的心態。

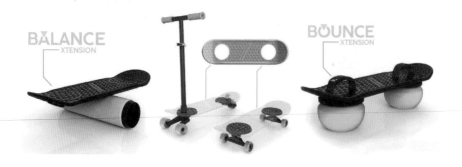

相片來源：
https://morfboard.com/products/skate-scoot-combo-2?variant=12776182448162

2. Hape沙灘玩具

　　每次一家大小去沙灘玩，要帶的「行裝」恍如出國去一次小旅行，但小朋友去沙灘唔玩沙又為甚麼要去沙灘呢？不難發現很多的沙灘玩具質素參差，玩法亦千篇一律。其實在香港每個夏季去沙灘的機會也不少，絕對值得挑選更好玩更優質的沙灘玩具。

　　玩具爸爸覺得 Hape 的沙灘玩具系列優勝之處，不但它用料的質量較高，還在於它的產品設計概念會從滿足孩子玩樂需要而出發。除了一般的小鏟子、水桶，它還有讓孩子鑽筒的沙鑽，挖泥和在沙上畫畫用的怪獸手爪，方便沙中尋寶的機械鉗，各式各樣的玩具造型既特別又實用，足夠讓孩子在沙中忙個不停。

相片來源：
https://www.hape.com/us/en/toys/sand-toys

3. Slackers Ninjalines

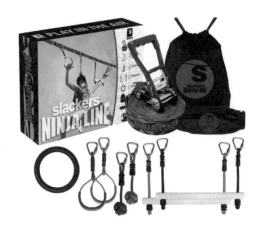

　　如果你的孩子是三項鐵人型，精力充沛得令你吃不消，看來出戶外活動時要加強裝備才能滿足他們的需要。相信不少人也看過美國一個十分受歡迎的節目，參賽者靠着自身卓越的體能去完成一個又一個艱難的的關卡，身手靈敏得如忍者一樣，這套 Slackers Ninjaline 的忍者入門工具套裝很可能是因此而生。

　　忍者訓練工具中包含尼龍繩結、橫手柄和體操環，全部配備鋼製懸掛用的三角安全扣，手柄上帶有防滑紋理的軟物料，符合最高安全標準的產品。到戶外時在兩根穩固的柱子或健康的樹木之間懸掛強度為 6,000磅的專業 Ninjaline / Slackline 帶，配搭不同的訓練工具，就能訓練和發展孩子的整體力量和協調能力，適合體重最高不超過 250 磅的 6 歲或以上兒童使用，當然需有成人在旁監督才夠安全。忍者入門工具套裝易於安裝和拆卸，亦配備儲物袋便於攜帶和存放，定能讓精力充沛的孩子充分發揮體能，是鍛煉好身手的絕佳訓練工具。

相片來源：
https://b4adventure.com/collections/ninjalines

Toys Daddy 玩具爸爸

玩具爸爸覺得現在的小朋友十分幸福，玩具五花百門，回想我們小時候到公園玩，一條橡筋繩或毽子就已經可以樂透半天，全因為那時候的物資並不豐裕，很多時候需要和其他小朋友分享才能體驗一些新玩意，所以漸漸學到與人相處、溝通和分享的技巧；所以在孩子玩耍的時候，家長要多鼓勵他們人與人之間的分享和交流，才可體驗玩樂的真正樂趣。

NOTES

玩具教仔好幫手！

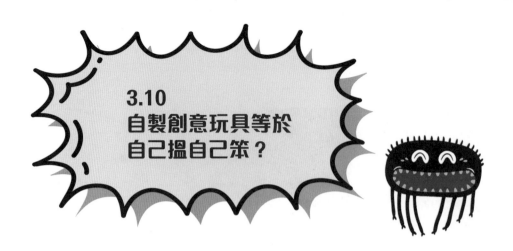

3.10
自製創意玩具等於
自己搵自己笨？

個個都知道家長和小朋友一起自製玩具益處多多，但有些家長卻一聽到「自製」兩字就眉頭緊皺。玩具爸爸相信有很多家長都曾經有過以下經歷：

- 製作用的配件或用具被孩子推落地上，到最後總是唔見了一些配件或搵唔番某隻色的顏色筆。

- 仔女頭幾分鐘仲好起勁，之後就雲遊太空，甚至跑走不見影踪，變成只有家長執手尾。

- 小朋友完全唔跟指示，叫佢填顏色佢就畫花條線；叫佢左右對摺佢就上下對摺；叫佢加眼睛在公仔的面上，佢就加咗三隻眼。

- 搽膠水時常搽到出界，然後還要唔小心黏住其他範圍，打翻開就成個撕爛埋。

- 本來想加少少閃粉做點綴，但倒出來的閃粉永遠比剩下的多。

- 終於整好一隻靚靚地可以見得人的作品，但小孩完工後就像收工，再沒有碰過它的大作。

是否很多「難忘」的片段馬上湧出來？想起都有點頭痛嗎？不論對家長或孩子，都要避免讓自製玩具變成自製煩惱，玩具爸爸集合了一些親子活動的經驗，給各位家長一些建議，可以令整個自製玩具的過程更加順利。

1. 增加投入感

與小孩子一起討論、選擇想製作的 DIY 玩具，例如分析製作不同玩具的趣味性、難度、所需工具、技巧、時間等，鼓勵他們分享自己想法，在旁分享意見和分析，讓他們自己決定自己想製作的玩具，而不是完成別人賦予的任務。

Part 3

玩具教仔好幫手！

2. 提前準備

「工欲善其事，必先利其器。」我們要預備適合孩子運用的工具，亦要提前教導使用每種工具的正確方法，亦要考慮孩子在製作上會遇到的困難，是否加上相關的配套，如配備一些盒子讓他們分類擺放不同的材料和工具，讓他們體會有系統的工作環境，更令創作得心應手，亦避免家長執拾的麻煩，那麼孩子和家長都會減少很多不必要的壓力。

3. 享受成果

這不但針對孩子完成的作品，還要留意他們在製作的過程中，逐少逐少學到的技術和知識，家長嘗試量化和記錄孩子的進步，例如欣賞孩子完成某個工序的時間比上次更快，上色的技巧比上次更熟練，或對孩子的聯想或建議加以讚揚，這點點滴滴都能使他們更懂得去欣賞和珍惜自己每次的創作。

玩具爸爸覺得自製玩具對培育孩子的創作力有很大幫助。雖然孩子的技巧有限，但自製玩具的過程能夠讓孩子親身體驗由零開始到完成作品的成就感，在反複的成功和失敗中一點一點的學習，就能打造優良的創作根基，而父母便要陪伴孩子去欣賞每次的進步，亦在失敗的挫折中給孩子打打氣：簡單至打一個繩結，複雜到一些科學理論，或是優美的顏色配搭，亦可是精妙的遊戲機制，值得欣賞的地方可有很多，而孩子得到家長的肯定和鼓勵，便會自發地去創作更多作品，增強運用創意的動力。

Part 3

Part 4

玩錯玩具大件事！

曾有一個身為媽媽的朋友，因家裏的遙控車充電器着火，為了保護小孩而受了輕傷，幸好傷勢不算嚴重，真的使我捏一把汗。我相信很多家長都曾遇過大大小小，不同類型關於玩具的意外；輕則可能夾傷手指，重則可能有性命危險。「太誇張了吧！玩具不是有監管的嗎？」玩具意外的發生，有時候真的層出不窮，就讓玩具爸爸分享一些例子給大家。

4.1 毛公仔殺人事件

有誰會想到一隻軟綿綿、樣子可愛的毛公仔都會有危險呢？這隻熊仔叫"Colorful Hearts Teddy Bear"在2011開售。它有別於一般熊仔的顏色，配上色彩奪目的心型圖案於身上，令人一見難忘。可惜因為膠製的眼仔剝落，恐怕會導致幼兒吞掉引致窒息的危險，因而要回收30萬隻。

其實就算是大品牌出產膠眼款式的毛公仔大多經過拉力測試確保不易脫落，但貨品始終經過運輸，溫度和濕度變化，以及售前及售後各種人為影響，導致產品質素受到影響。所以當家長選購毛公仔的時候，要留意以下五點：

❶ 小心檢查毛公仔上的各樣細小配件是否穩固，不單是膠眼珠，甚至是鼻子、鈕扣也有脫落的可能，家長不妨模擬幼兒用少少力拉它們一下作個檢查；

❷ 除了塑膠製的部分，也要留意布質的配件會否可在摺疊或握皺後，體積容許幼兒放入口中導致窒息；

❸ 對於有一些長毛造型的毛公仔，也要注意它身上的毛會否輕易掉下，形成一個毛球，這也潛在幼兒吞下引致窒息的危機；

❹ 要留意孩子的皮膚會否對某些物料有過敏反應，選購毛公仔之前要留意一下產品標籤或包裝，檢查產品選用的布料是否適合自己的孩子；

❺ 如果要買任何毛公仔給3歲或以下的兒童，玩具爸爸建議大家買刺繡眼睛款式較為安全，尤其是在0到1歲的「口腔期」幼兒，更要加倍小心。

4.2
精靈波波的必殺技？

　　這個 Pokemon 玩具是 1999 年在美國某大型漢堡包快餐店的兒童餐禮物，就如現在一樣，當年 Pokemon 熱潮非常厲害。很多小孩子都想把各式各款 Pokemon 角色全部收藏，不過這次造成超過 2500 萬件回收的事件，並不是因為各款造型不同的 Pokemon 公仔，而是用來裝着它們的 Pokeball。

　　打開了一半的 Pokeball，把一名 13 個月大的小女孩鼻子和口完全蓋着，就像密封的口罩導致幼兒窒息，被發現在她的嬰兒圍欄中去世。玩具爸爸深信這次是難以預計的意外，亦再次證明有很多意外，就算玩具通過當時法例的各種安全測試，也不能百份百保證兒童安全，作為家長要加倍小心，才可作為孩子最重要的安全屏障。

　　經過這次可能是歷史上最大和最昂貴的回收事件後，很多可打開的球形玩具或容器，也都在球體的兩端加上一些圓孔以作通氣之用，慎防類似的意外再次發生。

4.3
煮飯仔煮出禍

　　「煮飯仔」不單是很多小女孩的心頭愛，連很多小男廚神也非常喜歡，所以經常是我們家長熱愛選購的玩具之一。一個由紫色和粉紅色組成的 Easy-Bake 小烤爐，是非常出名的玩具系列，可惜這個玩具在 2007 年卻發生人令人心痛的意外。

　　在 2006 年尾至 2007 年初收到 29 個關於孩子的手或手指被烤爐開口卡住的報告，其中包括 5 個燒傷的報告；玩具生產商在 2007 年 2 月份宣佈維修計劃，但之後收到更多因該玩具導致受傷的報告，包括 249 名兒童的手或手指被烤爐開口卡住及 77 宗燒傷；當中最嚴重燒傷的意外，導致一個 5 歲的女孩要進行部分手指截肢手術，令人痛心。

　　玩具的意外往往令人防不勝防，其嚴重性亦難以預測，就算是在玩具行業這麼富經驗的玩具生產商也會有忽略的地方。除了上述那款烤爐玩具有發熱的情況，其實很多電動玩具都因在運作時通電而發熱，但現今的一些電動玩具或產品上，都配備了自動關機功能，可避免產品過熱而導致意外，我們選購時可以多加留意。除此之外，玩具爸爸建議家長不應長時間讓孩子單獨玩耍，遊玩的時候要定時留意孩子的動靜，才能夠及時阻止意外發生或把受傷程度減到最低。

玩錯玩具大件事！

4.4
隱藏殺機的創意磁石

　　玩具爸爸提及過建構性的玩具對孩子十分有益， 就如一些超強磁力的磁鐵珠玩具， 原意是讓小孩天馬行空地創作出很多不同造型， 但因為磁力珠體積就像糖果般細小， 一名 19 個月大的女孩卻誤吞下 7 粒小磁鐵珠， 磁鐵珠在她的小腸裏連接起來， 還導致小腸發炎並且穿了洞， 最終不幸離世； 除了這女孩的意外後， 還總共收到超過 1,000 名兒童不小心吞下磁鐵珠而需要入院求醫， 可見細小的磁石玩具潛在一定的危險性。

　　本身磁石的特性令玩具增添很多趣味和玩法， 但需要留意磁石或者帶有磁力的配件尺寸是否通過細小部件（Small Parts）尺寸測試， 細小部件是指完全放入特殊設計的圓柱體測試器中的任何物體， 該測試器長 2.25 英寸， 寬 1.25 英寸， 近似於三歲以下兒童完全膨脹的喉嚨的大， 而物體的定義包括：

1. 整個玩具或物品；

2. 玩具、 遊戲或其他物品的單獨部分；

3. 模仿孩子正常或暴力地使用該產品， 而做成折斷或破爛的部份或
   零件。

如果物體可完全放入圓柱體測試器中，而玩具或產品原本打算供 3 歲以下的兒童使用，該玩具或產品則會被認定為不通過測試，因為該產品潛在令孩子窒息的危險。

Toys 玩具爸爸
Daddy

玩具爸爸想提醒家長，小孩子很喜歡把類似食物、糖果的物件放入口中，他們並不是真的想食，可能他們只是想舔一下試試味道，卻會不小心誤吞入口中，所以家長真的要加倍留意這類玩具或產品。

NOTES

Part 4

玩錯玩具大件事！

4.5
殺傷力驚人的太空戰機

很多小男孩都喜愛玩太空船和戰鬥機，所以星球大戰、G.I.Joe 等玩具都盛極一時，如果飛機有導彈發射功能的就更加刺激好玩。但不幸地有一個 4 歲的小孩，在 1978 年將一架名為 Battlestar Galactica Colonial Viper 的玩具飛機放進嘴巴裏，卻不小心將導彈射向他的喉嚨後引致窒息，然後更因為大腦長時間缺氧，在醫院搶救幾天後終告不治。

事件發生後，玩具公司除了馬上回收這款玩具和另外三款有類似功能的玩具，並且與美國消費品安全委員會合作發起了「導彈回收」計劃，使父母和孩子有機會將剩餘的所有 1.25 英寸長紅色塑料小導彈郵寄給玩具公司，並獲得免費的玩具車作為回報，以減低類似意外再次發生的可能性。玩具公司亦重新設計那四款玩具，使它們不能從玩具主體中發射導彈。

雖然有很多安全條例去監管玩具來保護我們的孩子，但沒有一條條例是完美無瑕的，像這次意外後，亦修訂了以後可發射物件包括子彈、飛碟或小配件等設計的最細要求，發射器的裝置設計亦有明確限制。玩具爸爸還真的希望政府會與時並進，認真研究任何玩具的潛在危險，特別是今時今日玩具的款式、設計和功能上的變化越來越快，例如在玩具上的聲效、LED 閃燈的閃亮頻率、電子玩具上螢幕的光度、VR 遊戲的觀望器播放時間等，這些問題都隨着科技的進步變得對兒童有更大的影響力。

4.6
運動手帶整親手

相信很多小朋友喜歡吃快餐店兒童套餐的其中一個原因，都是因為套餐贈送的那份小禮物，但在美國及加拿大在 2016 年就因為一款贈品出現問題而進行了非常大型的回收，有幾大型？是總數超過 3,200 萬件。（嘩！嘩！嘩！）

這款名為 STEP-iT Fitness 運動手帶希望能夠鼓勵小朋友多做運動，手帶有計步功能，並且燈光會根據小朋友不同的步伐速度而閃爍，產品的概念非常健康；可惜手帶的物料卻意外地收到 70 份皮膚刺激和 7 份水皰投訴。**小孩子的皮膚比較幼嫩敏感，玩具爸爸提醒家長們當孩子玩一些穿帶型的玩具如：頸鏈、手帶、戒指、頭帶、頭盔等都要多加留意他們的皮膚狀況。**快餐店公司聲稱運動手帶由美國消費品安全委員會（CPSC）認可的第三方實驗室進行了測試，該產品亦符合所有州和聯邦的安全要求；慶幸快餐店公司迅速進行回收計劃，減少同類型意外再次發生。

你可能會問：「那麼多大品牌也出現了問題，那為甚麼還要選擇品牌的玩具？」在玩具店行業中的玩具品牌多如繁星，發生玩具意外的情況亦非常多，但有些發生意外的品牌可能連玩具爸爸也沒有聽過，所以焦點全部落在各大知名的品牌中。事實上，很多不知名的品牌在生產中的監管馬虎，並沒有大品牌生產商的系統管理和安全要求；所以選購有信譽的玩具商產品，絕對比隨便選擇不知名品牌產品可靠，家長們選擇玩具時要細心觀察，才可以讓我們的孩子安全地享受到玩具的樂趣。

Part 4

玩錯玩具大件事！

Part 5

玩具常識知多啲！

很多家長對卡通公仔人物瞭如指掌，但是否等於了解
個別玩具的特性呢？想選擇一份適合自己孩子的玩
具，家長又如何知道這個玩具是否安全呢？除了安全，
家長還有甚麼要留意呢？

5.1
不能忽視的安全知識

　　我知道，我真的知道！玩具爸爸有點長氣，但都要不厭其煩地提醒家長，玩具安全是非常非常非常重要的！玩具是孩子每天的最佳夥伴，尤其嬰幼兒在使用玩具時，幾乎都是以手口並用的方式在玩，長期接觸下，玩具品質對孩子安全會有直接的影響，那麼家長挑選玩具又怎能掉以輕心呢？

玩具常識知多啲！

兒童因玩玩具而發生意外常有發生，不單初生至 3 歲的幼兒要特別留意，連就讀幼稚園甚至小學的孩子也都會碰到不同程度的風險，有部分是因為玩具所採用的原料及設計不安全所導致，但有時玩具本身雖然安全，卻錯誤地給了較年幼的兒童玩耍，由於他們不懂得怎樣運用，就算安全的玩具亦有可能發生意外。按《玩具及兒童產品安全條例》規定，凡供應香港使用的玩具須合乎三套玩具安全標準其中一套的規定，分別為 ICTI，ENTI 和 ASTMF963。這些標準都是針對玩具的物理性、機械性、化學性及燃燒性作安全測試。相信很多家長也會對以上的安全標準一無所知，亦不知道怎樣去肯定所想選購的玩具是否合格，就讓玩具爸爸分開三部分講解需要注意的事項：

1. 選購玩具前留意包裝

❶ 留意包裝上的警告字句，例如在包裝正面上有明顯的警告字句：「內有小配件，不適合 3 歲以下兒童使用」、「包含磁石，吞下有機會導致嚴重感染及死亡」、「未滿 36 個月的兒童不適用」等。

❷ 玩具包裝大多寫上適合年齡，例如「3 歲以上」、「6+」等，這個只可作為判斷「適合的使用年齡」去參考，但不要當作是一個安全測試的認證，因為實際的安全測試並不以每個年齡去劃分的。

❸ 下面有世界各地的玩具安全標誌，或許你不想花太多時間去了解這些安全標誌背後的意思，但最起碼記着它們的模樣，來作為你選擇安全玩具的第一個基本屏障。如果該商品沒有以上這些標誌，玩具爸爸建議家長不要考慮選購這件商品，不管它有多吸引或好玩，都不值得冒這個風險。

❹ 檢查玩具包裝上有沒有列明製造商、進口商或供應商全名、商標或其他識別標記，以及在香港的地址，方便日後任何關於玩具上的查詢。

❺ 如果不是密閉式包裝，請檢查清楚玩具產品及配件，有沒有破損和剝落的情況之外，還請小心觀察玩具的結構，是否容易破碎、有沒有隱蔽而鋒利的尖角或邊緣、孔縫是否有夾傷手指的可能性。

❻ 如果包裝上具備可試用功能，那麼除了檢查電動部分是否運作正常外，還要查看玩具會否發出極高的噪音或過量的燈光效果，影響兒童的聽覺和視覺。

如果出售的玩具沒有包裝，有可能這件產品並未通過任何安全測試，就算價錢有多便宜，也千萬不要讓孩子接觸使用這種來歷不明的玩具。

2. 選購玩具後的檢查和指導

購買玩具後也要不直接丟給孩子玩，而是由父母先做一些檢查：

❶ 檢查包裝裏有沒有剝落的部件，恐防幼兒把部件的零件吞入口中、塞進鼻子或耳朵，同時提醒孩子注意小部件導致窒息的危險性。

❷ 不管是金屬還是塑膠，要小心觀察接口之間有沒有鋒利的邊緣，很多產品在大量生產時都會出現一些瑕疵，往往造成孩子割傷。

❸ 如果玩具有些機關、窗口、盒蓋等的關節位，要留意會否很容易夾傷小孩，或把小朋友的手指卡在機關內不能拔出。

玩具常識知多啲！

❹ 如果玩具裏面包含繩子，檢查一下是否沒有超過 12 寸（約 30 厘米），如果是嬰兒床玩具的繩索或細繩長度不得超過 6 寸，但最重還是要提醒孩子不要把繩子纏在頸上導致意外。

❺ 父母要對彈射玩具保持警惕，因為孩子在玩玩具時很容易造成傷害或傷害他人，需要教育孩子避免將彈丸、可發射的武器對準自己及別人面部。

❻ 如一些玩具已配備電池，要檢查一下電池有沒有流出電池液，確保運作正常，並留意電池箱的蓋子是否很容易讓小孩自行打開，要提醒他們不可把電池放入口中。

❼ 開啟電源，檢查一下玩具的音量和發光效果會否過量，曾有例子過強的閃燈和聲效會容易導致頭痛、暈倒和抽搐。

❽ 建議孩子玩一些戶外玩意如踏板車、單車或直排滾軸溜冰時，請始終佩戴適當的安全裝備，包括符合標準的頭盔，護膝和肘部護腕以及護腕。

3. 認識玩具安全標誌歐盟：CE標誌

CE 標誌是歐盟國家的產品安全標誌。歐盟的玩具安全指令 88/378/EEC 規定：

❶ 為 14 歲以下兒童玩具而設計的任何產品或材料，必須符合指令中的基本安全要求，否則不得在市場上銷售。

❷ 按照統一標準製造的玩具，必須清楚地標示 CE 標誌、製造商或其代表的名稱及地址在玩具或包裝上。

❸ 如果玩具只部分符合統一標準，製造商須把玩具送交認可的檢定機構進行產品例行檢驗，取得歐盟例行檢驗證明書後，製造商才可在玩具上標示 CE 標誌。

❹ 歐盟成員國需經常對市場出售的玩具進行抽樣檢查，有 CE 標誌的玩具，一旦被發現可能會危及兒童的安全或健康，需立即從市場收回。

英國：LION MARK 標誌

英國玩具公會（British Toy & Hobby Association，簡稱 BTHA）會員製造的玩具，需符合 BTHA 制定的守則，產品達指定的安全和品質要求，才獲准使用 LION MARK 標誌。

中國：CCC 產品認證

中國強制性產品認證（CCC）是由中國國家認證認可監督管理委員會（CNCA）所制定和執行，所有受到 CCC 規管的產品都必需透過 CNCA 認可和特定的實驗室進行 CCC 測試和工廠檢驗，確保符合 CCC 的標準；而玩具產品是中國強制性產品認證 CCC 的 159 種產品，22 個類別之一，在中國進行任何的商業行為前，例如：銷售、進口及產品被使用前，都必須符合 CCC 的標準及在玩具產品貼上 CCC 的認證標誌。

玩具常識知多啲！

日本：ST 標誌

ST 標誌是日本玩具協會（JTA）針對專為至多 14 歲之兒童使用之玩具而建立的受歡迎自願標準，只有符合規範的玩具才能展示 ST 標記。

韓國：KC 標誌

要進入南韓市場的玩具須遵循「自我監管確認系統」之 KC 認證，如同《工業產品法案》之《品質管理及安全控制》所規範，只有顯示韓國 KC 標記的符合規範的玩具才能進入市場。

台灣地區：ST 安全玩具標誌

玩具須經台灣玩具研發中心按 CNS 玩具安全標準檢驗後，符合規定，才會獲發專用的 ST 安全玩具標誌。

但玩具爸爸並不是要鼓勵家長要全天候零死角去作為孩子的隨身侍衞，因為這是不可能。我只希望提醒家長選擇玩具前要多花心思，買了回家後，亦要在玩之前小心檢查和教導孩子，培養小朋友保護自己的安全意識，這才可以讓他們玩得既安全又開心。

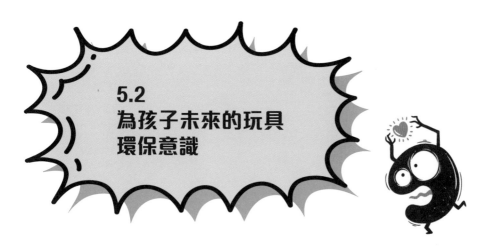

5.2
為孩子未來的玩具
環保意識

　　為了讓我們孩子的未來居於健康的環境，保護地球對每個家長來說也是非常重要。在選購玩具的時候，玩具爸爸建議家長選擇玩具及兒童產品時選擇印有 FSC（森林管理委員會）認證的產品。FSC 森林認證由獨立的第三方 FSC 森林認證機構根據所制定的森林經營標準，按照公認的原則和標準，對森林經營業績效進行審核，以證明不會過量砍伐樹木而影響大自然生態。產銷監管鏈認證是對木材加工企業的各個生產環節，包括從原木的運輸、加工到流通整個鏈條進行鑑定，以確保最終產品源自於經過認證的經營良好的森林。認證不限於木製玩具，就連包裝用的物料也需符合條件才可把這個認證印在包裝上。

　　提及環境保護，木製玩具品牌 Hape 的 Flexistix 系列就選用了竹為主要物料；由於竹是世界上生長速度最快的植物之一，有些竹地上部分的空心莖每天可長 40 厘米，快速的生長周期相比樹木更配合環保概念。另外，由於竹材很輕，因此與許多其他具有相當耐久性的材料相比，竹材的運輸能源消耗較少。

相片來源：
https://www.hape.com/us/en/toy/toy/E5562

Part 5

玩具常識知多啲！

除了竹，還有來自葡萄牙的玩具品牌 elou 利用軟木作為製作玩具的物料。甚麼是軟木？我們最常見的軟木就是在紅酒瓶上的軟木塞。軟木是從橡木的樹皮而來，這些樹主要遍部歐洲的葡萄牙及西班牙。其主要特徵在於其柔軟的質地，十分輕便和耐衝擊性，製成玩具後，就算推倒在地也不會發出噪音，其安全性十分適合幼兒。

相片來源：
https://www.eloucork.com/

　　除了木製的幼兒玩具，玩具爸爸十分欣賞 CLIP IT 這個具備環保意識的玩具產品。顧名思義它是一款特別設計的夾子，分為 2D 和 3D 款式，它們可以把牛奶，果汁或礦泉水的樽蓋連接在一起；不管是色彩繽紛的圖案以至複雜的立體造型也可讓孩子們創作出來，他們可親身感受如何把廢物轉化成為令人讚嘆的玩意。CLIP IT 夾子本身也是由可回收的瓶蓋製成，十分切合整個產品的環保概念，令小朋友充分了解保護環境的意識和可能性。

相片來源：
https://afilii.com/en/product/
creative-toys/clip-it-creative-and-
sustainable-toys-made-of-recycled-
plastic-bottle-caps/

另外，在這幾年市場上出現了很多款以隱藏包裝（Blind Pack）方式銷售的Collectible 公仔玩具，十分受小朋友和家長歡迎。雖然產品本身並不是甚麼新概念，精緻的 Collectible 公仔和配件，市場上一直存在而且種類繁多，而以隱藏包裝方式銷售亦不只此一家（如 Lego 的 Minifigures series），但把兩者配合起來，並放棄傳統的電視廣告推廣策略，集中透過網絡推廣及各大小網絡紅人的「開箱（Unbox）」片段為主要宣傳策略，把小朋友每次的驚喜宣揚出去，成為他們極受歡迎的關鍵。但這類產品為了製造驚喜的元素，用上了多重物料包裝，令社會上出現很多反對聲音，認為它們製造了過量的包裝廢物；這亦是值得生產商注意的環保問題，作為父母的我們也有責任把這觀念正確灌輸給小朋友。

除此之外，我們家長也可利用創意，把一些舊的玩具改造，例如重新上色、配搭和整合，製作出如畫框、枱燈、書架、衣帽掛架、花盆等，循環再造教育孩子環保理念之餘，亦令家居更有品味。

相片來源：
https://blog.mabelslabels.com/diy-cute-simple-bookends-for-kids（By Cheyenne Bell）

相片來源：
https://www.recyclart.org/upcycled-fire-truck-lamp/（By Jasmine Orchard）

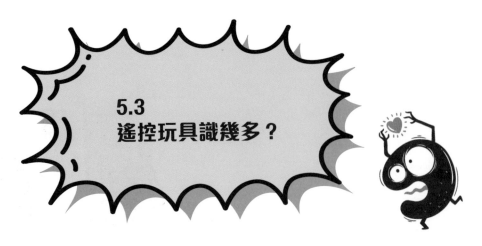

5.3
遙控玩具識幾多？

　　近幾年興起的航拍，因為技術越見成熟而且售價開始降低，令接觸航拍的人越來越多；這令我回想大約在 2000 年左右，興起一輪迷你遙控直升機、飛船的熱潮，令本來帶點沉寂的遙控玩具市場牽起一輪熱潮；雖然如此，遙控玩具車始終是孩子們最愛的玩具之一，特別是男孩子更為它着迷。但家長選購遙控玩具時，有否發覺在包裝上有很多不同的標誌或者縮寫呢？你們有碰上以下的問題嗎？

- 甚麼是 RTR？
- 27MHz、45MHz 還有 2.4GHz 又是甚麼？
- Full Function 代表甚麼？
- 遙控技術又分為幾多種？

　　「問題天天都多」……這些問題可能會造成混淆，甚至買回家後才發現玩不了，讓玩具爸爸用深入淺出的方法為你回答這些問題。

1. 甚麼是RTR？

RTR 的詳寫是 Ready To Run，代表從包裝盒中取出遙控車後即可立即使用。相對地，有些遙控車需要顧客自己組裝或配置其他配件才能夠使用，但這種情況多數出現於較專業級數的 Hobby Grade 遙控車上。

相片來源：
http://www.rc-mst.com/

2. 27MHz、45MHz還有2.4GHz又是甚麼？

不打算用專業的無線電理論去解釋，家長只要理解它們控制器和遙控玩具之間通信的方式。購買玩具級的遙控車、船或飛機時，通常可以選擇兩個無線電頻

率：27 或 49 兆赫（MHz）。如果在同一時間和環境中只有一部遙控玩具在運行，那麼使用甚麼頻率並不重要。但是兩輛 27MHz 或兩輛 49MHz 的遙控車彼此靠近運行通常會導致無線電信號混在一起。我相信有些家長或小朋友也遇過兩輛遙控車被同一個控制器控制了的情況，又或者出現遙控車控制不穩定的問題。如果兩架遙控玩具要在相近的空間操作，選擇 27MHz 和 49MHz 的遙控玩具便可以毫無問題地並排運行了。但如果要和幾個朋友來一場賽車大賽，就需要選某些具有頻段可選的玩具遙控車，又或購買越來越受歡迎的 2.4GHz 遙控玩具車，它成本雖然略高一點，但不易受干擾，就可以多人作賽了。

相片來源：
http://www.maisto.com/

Part 5

玩具常識知多啲！

3. Full Function代表甚麼？

Full Function 代表那款遙控玩具，可讓使用者多向性的操控玩具行走路線，即是直前、直後、前轉左、前轉右、後轉左和後轉右等六個方向；另外有些設計給較年幼孩子的遙控玩具，操作模式比較簡單，控制器上可能只有一個或兩個按鈕，而玩具行走方向可能只有直前和後轉彎。

相片來源：
https://www.revell.de/produkte/revell-control/

4. 遙控技術又分為幾多種？

在玩具上寫着的「R / C」可以有兩個意思：「遙遠控制（Remote Control）」和「無線電控制（Radio Control）」，而其中「遙遠控制」的遙控技術包括無線電、藍芽、紅外線或有線連接控制等。

相片來源：
https://sphero.com/

❶ **無線電控制**：這是當中最普及的技術，通過控制器中的發射器向玩具的接收器發送無線電波（電磁頻率）來工作，特徵是覆蓋範圍廣，就算有障礙物在遙控範圍當中也沒有很大影響。

❷ **藍牙控制**：市場上使用低功耗藍牙技術的玩具，最著名的是由智慧型手機控制的球形玩具 Sphero 系列。但目前使用藍牙的玩具似乎還很少，但隨著消費者意識到長距離藍牙連接功能可以為其產品帶來的靈活性，相信會有更多遙控玩具選用藍牙技術。

❸ **紅外線控制**：這種遙控技術比較少用，因為它的接收範圍有限制，要求控制器與玩具中間不能有直接阻隔，但這種遙控技術技術仍保留在某些射擊遊戲中。

❹ **有線連接控制**：最簡單的遙控技術但漸漸式微，多數用在較年幼孩子或廉價的玩具上，但它移動的距離也限制於電線的長度，雖然此技術有很多限制，但它的成本較低而且表現穩定，所以配合一些有趣的概念，也可讓孩子樂透半邊天。

除此之外，近年也開始有利用手機及藍牙技術的遙控玩具出現，在操控上能讓使用者有更多不同的選擇。但不論甚麼無線電技術，遙控玩具都是充滿刺激和趣味性，孩子不但能感受操控遙控玩具的速度感，還能因應不同主題配合機械結構和玩法，去完成不同的任務，有助提升孩子的方向感、空間感以及手眼協調的能力。

相片來源：
https://sphero.com/

玩具常識知多啲！

5.4
玩具電池小百科

　　除了用太陽能、風力等環保電源之外，大多的電動玩具都需要電池。家長選購玩具時有沒有留意包裝上有否包含電池呢？又知不知道需要購買哪一款電池呢？換電池時又有甚麼要注意呢？

　　電池種類有很多：碳性電池、鹼性電池和充電電池，每種也有多個型號，筆芯型的有 AAA、AA、C、D 和方型的 9V；還有鈕型電池，外型就如它的名稱一樣，像鈕扣般大小的銀色電池；鈕型電池的型號非常多，在包裝上會詳細列明，在選購電池是要特別小心別選錯。

　　另外，如果想購買遙控玩具後即時在戶外玩，隨了電池外，家長還要多準備一個小螺絲批；因為玩具安全條例的要求，所有玩具上的電池箱蓋都需要加上螺絲，目的是避免小朋友輕易取出電池導致意外，所以換電池的工作還是需要家長幫忙才可。

　　關於電池的意外，香港經濟日報在 2016 年曾報道網上流傳有位家長在大型百貨公司買了一款電燈籠，開啟不久心形音樂盒位置過熱，小孩不小心被熨傷臉部，留下心形烙印。但事後供應商提供了該款電燈籠的產品安全測試報告，證明產品符合安全標準；原來售賣電燈籠的店員曾提醒，電燈籠忌用鹼性電池或充電池，究竟是甚麼原因呢？

香港理工大學前機械工程學系工程師盧覺強指出：「鹼性電池和充電池的電量較高，輸出的電流亦較強，但相當較耐用。不過，由於電流較強，出現短路的風險亦較大。即使燈籠本身設計和運作正常，若電流較高，經過燈籠音樂播放器時或出現短路，繼而有火花彈出，足可灼傷小童面部。」

　　透過這個案例，家長使用任何電動玩具前，必須留意包裝或說明書上的明確指示，真的不可少看錯用電池的嚴重性。

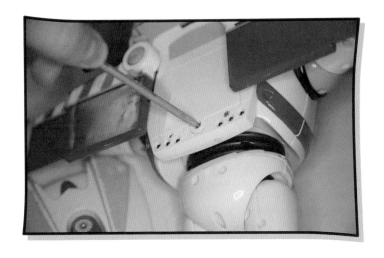

玩具常識知多啲！

5.5 網購玩具陷阱多

　　中國十分流行一款名為「牙籤弩」的小玩意 ， 當年在淘寶可輕易買到 ， 但其危險性令人十分擔心 ； 2017 年在新疆烏魯木齊一名 10 歲男童 ， 就被同學意外以牙籤弩射傷右眼 ， 導致眼角膜出現 5 毫米裂傷 ， 並有外傷性白內障和眼內炎 ； 雖已動手術縫合眼角膜 ， 但他右眼暫僅餘光感 ， 醫生指其視力將無法完全恢復 ； 這種「牙籤弩」有分金屬和塑膠製 ， 再配以「牙籤」銷售 ， 部分產品還配以金屬針作為賣點 ； 有報道指其威力可射入石屎牆 ， 當中的危險性可想而知 。 這種武器竟然可以玩具名義在網上銷售 ， 家長又怎可以胡亂在網上購物呢 ？

　　美國玩具標準 ASTM F963 已於 2019 年修訂當中針對彈射玩具的安全標準 ， 包括 ：

❶ 彈射威力為每平方米等同或少於 2500 焦耳 ；

❷ 射玩具前端的大小 、 形狀和堅硬度 ， 有更嚴格的要求 ；

❸ 非玩具本身提供而有潛在危險的彈射物列表 ， 其種類及尺寸（例如筆芯 、 波子 、 硬幣）是兒童常接觸到的 ， 以測試玩具能否彈射出有潛在危險的彈射物而產生危險 。

作為父母雖然對一些專業性的測試要求可能不清楚，但玩具可帶來的潛在危險性，我們則不可以掉以輕心；除了基本不要向別人或動物發射外，如上述第三點的情況，家長也需提醒小孩在玩現有的彈射玩具時，不要隨便放其他物品於現有的彈射玩具作為「子彈」，避免把本來用作娛樂的玩具成為傷害他人或自己的武器。

美國有消費者監督組織每年都會公佈 10 大危險玩具，專家指網購玩具成風，但監管不足，呼籲家長注意。當中有問題的玩具由幼童的益智玩具、毛公仔，到 3 至 6 歲兒童玩的假手、水槍都有問題。嬰幼兒心理發展協會註冊心理學家程衛強表示：「不少玩具潛在危險，唯現時不少家長只網購玩具，未必可親身試玩或了解清楚，現在很多人都會上網買玩具，如果賣家無信譽的話都幾危險。」他提醒選購時要留意安全度，並要挑選有益處，能協助兒童平衡發展的玩具。

家長喜歡上網買玩具的主要原因之一是價格，有些十分類似的玩具，售價可以是原裝正版的一半甚至更低，為甚麼呢？因為很多冒牌貨不同投資在研發和宣傳，而且產品沒有做過測試，不需要選用高質素的物料和安全的配置，所以銷售價錢一定比合規格的玩具低很多。而且冒牌貨和劣質品牌的玩具亦很容易在互聯網上找到，家長單憑相片非常難分別真偽，這些玩具的破壞力可以是即時導致孩子受傷，或是一些對孩子較長遠的影響。

玩具常識知多啲！

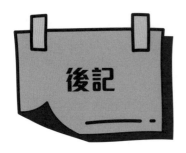

後記

　　製作這本書的時候，香港人都身處疫情中，不難想像作為家長在這段時間是多麼煩惱。除了擔心病毒影響家人外，又要擔心社會經濟蕭條，收入受到影響；另一方面孩子不用上學，家長既要憂心孩子學業上的進度延誤，又要張羅人手照顧家中的子女，這段時間每個家長都手忙腳亂，叫苦連天。但疫情中也給了家人更多相處的機會，多了在家吃飯，亦多了一家人遠足接觸大自然，很多事情也返璞歸真。

　　於是每逢週末或假期，如何有趣地打發時間成為每個家庭必須解決的難題。當然我們一家也要面對這個問題，忽然發覺家中的玩具幫了我一個大忙：在製作這書時，我已用上了很多個週末去趕工，子女們都不會嚷着要我帶他們四處走，只要偶爾陪他們捉捉棋，玩一下遊戲和玩具，把一些平常忽略的小玩意重新整理（不難發現原來家中還有很多新玩具未開封），就已經叫他們非常滿足和快樂。孩子需要的快樂相對簡單，父母和他們一起嬉戲、一起學習、一起懶洋洋也叫他們很滿足。

　　作為成年人的我們，卻要學懂如何調節自己急促的說話、步伐和思想，去觀察和欣賞孩子一天一天的成長。偶爾會覺得這次疫情令我當頭棒喝，重新思想人與人之間的關係、感情和距離；常聽說科技令人與人之間的關係變得生疏，但今次卻多了很多機會，讓我們透過科技重新審視我們與別人的感情和關係。面對困難時，親人及朋友互相關心彼此的物資是否足夠，相比以往在網路上的一個 like 來得更有溫度。

回說《Toy 教——玩具設計師爸爸的玩具育兒大法》這本書，真的要感謝太太和子女的協助和體諒，把我這個擱置了一年的心願在疫情中順利完成，你們的一言一行都讓玩具爸爸成長。亦感謝身邊一班好友的鼓勵和鞭策，讓玩具爸爸加緊步伐。

在疫情的這段時間，我希望製作這本書的過程能讓子女感受到無論世界變成怎樣，時間都沒有停下來，不要讓不同的藉口去阻止自己完成心願甚至追求夢想；這個想法也是天上的媽媽留給我其中一份最寶貴的禮物。

著者
Toys Daddy Kenneth

責任編輯
李穎宜

裝幀設計
Toys Daddy Kenneth、陳寶欣

排版
辛紅梅

圖片
Freepik

出版者
萬里機構出版有限公司
香港北角英皇道499號北角工業大廈20樓
電話：2564 7511
傳真：2565 5539
電郵：info@wanlibk.com
網址：http://www.wanlibk.com
　　　http://www.facebook.com/wanlibk

發行者
香港聯合書刊物流有限公司
香港新界大埔汀麗路36號
中華商務印刷大廈3字樓
電話：（852）2150 2100
傳真：（852）2407 3062
電郵：info@suplogistics.com.hk

承印者
美雅印刷製本有限公司
香港九龍觀塘榮業街6號海濱工業大廈4樓A室

規格
特16開（210mm×170mm）

出版日期
二〇二〇年七月第一次印刷